명 상

고를 넘어 지복의 속으로

명 상

고를 넘어 지복의 속으로

김동민

이 책을 그럴 의지가 있는 예비 구도자들에게 바칩니다.

책을 내면서

명상이라는 말이 범람하고 있는 판국에, 저 마저 끼어들어 무척 송구스럽습니다. 그러면서도, 저의 생애 또한 종점에 와 있고 하찮은 체험이지만 인연 닿는 예비 구도자들에게 그것을 넘겨야겠고 해서, 감히 이 책을 냅니다.

인생은 고(苦)의 연속입니다. 즐거움도 기쁨도, 이어지는 괴로움과 슬픔의 전주(前奏)일 뿐입니다. 한데, 그 모두는 마음에 의해 생깁니다. 마음이 원인을 만들고 결과에 고통스러워합니다. 뿐만 아니라, 끊임없이 생각을 일으키고 번뇌를 안겨줍니다. 따라서 마음을 지워야만 합니다. 고통을 면하려면 말입니다.

성인(聖人)들 말씀에 의하면, 「나」와 「세계」는 있는 것이 아닙니다. 환(幻)입니다. 가르침대로 명상 속에 깊이 들어가 마음을 지우면, 「나」와 「세계」가 사라지면서 그 뒤 진아(眞我, 참나)의 차원이 나타납니다. 그러면서, 설명할 수 없는 지복(至福)을 안겨 줍니다. 압도하는, 그 신비로운 체험의 충격으로 환이 무너지면서 마침내 성인들의 말씀을 몸으로 믿게 됩니다. 그리고는, 잔잔한 희열(喜悅)과 함께, 마음의 평화를 누리면서 세상을 살게 됩니다.

저는, 어려서부터 그리고 어른이 된 후로도 존재에 대하여 고뇌하면서, 긴 세월을 계율적 삶과 명상으로 보냈습니다. 무엇을 하는지도 모르면서 그렇게 지냈는데, 훗날 불교에 귀의하고 퇴직 후 다시 본격적인 명상수행을 해 오고 하면서, 그 짓이 전생으로부터 이어진 습(習)이었음을 이해하게 됐습니다. 이 책은 그런 저의 전반생애 수행행적, 퇴직 후의 본격적 명상수행, 그러면서 얻은 체험, 체험으로 터득한 진리 이해 등을 기록한 것입니다. 저는 처음이나 나중이나 스승 없이 홀로 수행을 했는데, 그러다 보니 시행착오가 많았습니다.

명상은 반듯이 출가해야만 잘 할 수 있는 것이 아니고, 결혼하고 사회생활을 하고 하는 재가자가 반듯이 불리한 것도 아닙니다. 진아는, 사람이든 종교든 그 어떠한 것이든 차별을 하지 않습니다. 고로, 중요한 것은 마음의 준비이고 의지입니다. 성인의 가르침을 굳게 믿고, 탐심(貪心)과 진심(嗔心)과 치심(痴心)을 멀리하고, 생활 속에서 바라밀다행을 실천하고 하면서 일관되게 정진하는 자세가, 출가 재가라는 외형 모습보다 더 중요하지 싶습니다.

출가자든 재가자든 누구든, 준비된 그리고 의지가 있는 모든 수행자에게 기회는 평등하게 열려있습니다. 진아와 합일하여 지복을 체험하고, 엄청난 환희를 느끼며 죽음을 극복하고, 잔잔한 희열 내지는 마음의 평화를 간직하고 하는 그 기회 ……. 단, 스스로 노력 해야만 합니다. 예비 구도자 및 수행 입문자들께서는, 저의 말을 믿지 말고 다만 참고하면서 그리고 용기를 얻으면서, 스스로의 노력으로 그 기회에 도전하고 체험하고 그리고 진리를 증득(證得)하시기 바랍니다.

서기2015년 가을에

재가사문 덕산 김동민(德山 金東玟) 합장

차 례

인생

그 무상과 고와 소멸

허망한 것이 인생이다. 불확실의 연속, 거듭되는 의욕과 좌절, 희로애락, 행과 불행 ……, 그리고는 죽음. 인간은, 그렇게 경황없이 살면서도 뭔가를 이룩하고자 용을 쓰다가, 끝내는 속절없이 그 생애를 마감한다. 그 모든 것을 마치 어제의 일처럼 허망하게 느끼면서 사라져 간다. 그 것에는 예외가 없다. 재벌총수도 노숙자도, 재판장도 죄수도, 여왕도 창녀도 완전히 동등하다.

석가세존께서는, 그러한 과정의 일체를 무상(無常)과 고(苦)로 보셨고, 더 나아가 그런 것을 겪는「나」는 실체가 없는 것(無我)이라고 말씀하셨다. 그러면서, 이 모든 괴로움과 괴로움의 원인과 괴로움의 해소와 그 방법 (苦集滅道)을 가르치셨다.

만물은 끊임없이 변한다 (諸行無常). 이 세상에 영원한 것은 아무 것도 없다. 산과 들, 강과 바다, 공기와 물, 그리고 그 속에서 사는 뭇 생명체들, 어느 것 하나도 무상으로부터 자유로운 것이 없다. 형이하학적으로만 그런 것이 아니다. 유사 이래로 인간사회는 얼마나 변해 왔고, 또한 얼마나 빠르게 변화하고 있는가. 지나간 역사는 차치하고, 요즘의 변화양상을 보면 가히 소름이 끼칠 정도다.

당연히 그 속에 있는 개개 인간의 삶도 무상할 수밖에 ……. 그런데 한 개인의 그것은, 집단의 틀에 다름 아닌 한 사회의 그것 보다 더욱 심하고 더더욱 불확실하다. 이치상 그럴 수밖에 없다. 그래서 인간들은 인생무상을 그토록 한탄하면서 생을 마감한다.

인간이 그 생애에서 겪는 일은 일체가 고통 아니면 고통의 씨앗이다 (一切皆苦). 성장기 내내 시달리는 그 지긋지긋한 과외공부, 한정된 여건 속에서 남들과 치열하게 경쟁하며 나와 권속들의 생존을 확보하는 일, 성취와 탐욕실현을 향한 몸부림, 그러면서 겪는 수많은 갈등 · 알력 · 좌절, 그리고는 질병과 쇠락과 죽음. 어느 것 하나 고통 아닌 것이 없다. 어디 그 뿐이랴. 사랑에는 이별이 따르고, 횡재한 재산은 도둑들의 표적이 되고, 명예와 인기 주변에는 시기하는 무리와 저격수가 있고, 치솟은 주식 값은 추락하고, ……. 기쁨이란 그저 한시적인 환각일 뿐이다.

고통은, 인간의 탐심(貪心)과 진심(嗔心)과 치심(痴心)에서 비롯된다. 탐심이란 탐욕 또는 부당한 욕심을 뜻한다. 돈과 권력과 명예에 대한 지칠 줄 모르는 탐욕, 지나친 색욕과 식욕과 소유욕, ……. 그것들은 다 숱한 파탄의 원인이 된다. 진심이란 내 마음 · 내 이기심 거스르는 상대를 무조건 미워하는 것이고, 치심이란 진리를 모르는, 그리하여 지혜가 없을 수밖에 없는 무지(無智)의 마음이다. 가장 흔한 무지는 무상을 헤아리지 못하고, 마치 오늘의 상황이 내일에도 그럴 것으로 믿거나, 또는 현재의 이 상태가 마치 영원할 것처럼 믿는, 그런 행동이다.

얼마나 많은 인간들이 불행의 늪에서 고통을 받아 왔는가. 인간들은, 이기심의 충족이 마치 행복인 양 그리고「나」가 마치 영원한 실체인 양 착각 하면서, 불행의 씨앗을 키워 왔다. 개인의 경우는 그렇고, 나라의 통치자 · 종족과 민족의 수장(首長) · 종교와 이데올로기의 지도자들이 행한 그간의 그릇된 행동들은 역사이래로 또한 얼마나 참담한 재앙들을 불러 일으켰는가. 이 모든 불행들이 탐심과 진심과 치심의 소산이다.

존재하는 모든 것에는「나」가 없다 (諸法無我). 믿기지 않겠지만 지혜의 눈으로 헤아리면 그렇다. 내 육신(신체적 자기)은 사바세계의 물질들이 시절 인연 따라 잠시 모인 것에 불과하고, 마음(정신적 자기)도 그 육신의 신경체계가 만든 것일 뿐이다. 그러한즉슨, 마음이 만든 「나」라는 생각은 그 개체를 존속시키기 위한 속임수의 다름 아니다. 이 속임수는 엄청나게 견고하다. 그리하여 인간들은 그 견고성에 마취되어, 「나」를 마치 진짜인 것처럼 착각하면서 생애를 마친다. 그런 과정에서 「나」의 한계를 느껴 종교를 만들고 그 사당에 기도 들이면서, 이기심(egoism)의 충족을 빌기도 하고, 악행에 대한 「반성」도 하고, 「나」의 다름 아닌 영혼의 천당행을 소원하기도 한다.

다만 소수의 지혜 있는 자들만이 일찌감치 그 속임수를 간파하고, 「나」의 근원을 찾는 영적 수행을 할 뿐이다. 초월하여 무아(無我)를 체험하고 그리고 마침내는 「참나(진아, 眞我)」로 돌아가려는 그런 수행을 ……. 그런 무리들에게 경계는 없다. 그리스도교의 영성(靈性)추구자들, 이슬람의 수피(sufi)들, 힌두교의 산야신(sannyasin)들, 불교의 선(禪) 수행자들, 무종교의 명상수행자들, ……. 그들은 다 한결같은 영적 수행자다. 그런데, 무아(無我)는 제아무리 이론적으로 잘 납득하더라도 실감이 안 된다. 내가 「나」에게 몸으로 증명을 해야만 한다. 내가 「나」와 씨름하여 이겨야만 한다. 힘들더라도 그 길밖에는 방법이 없다.

말이 길어졌다. 그 전 같으면 감히 입 밖에 내지도 못했을 말을 했는데, 인생을 마감하는 시점에서 그리고 험한 티끌세상의 세파 속에서 무상과 고와 무아를 체험하며 살아남은 특권을 갖고, 위의 글을 썼다.

그런데 그리고, 아직까지 생의 허망과 고통만을 얘기했지만, 인생에는 꼭 그런 것만 있는 것이 아니다. 그런 것들을 극복하고 행복하게 사는 방법도 분명히 있다. 성인(聖人)과 현인(賢人)들의 그러한 가르침은 무수히 많다. 그러나 그 어느 것이든, 인생을 한계까지 열심히 살면서 지혜의 눈을 떠야만, 비로소 분명하게 그리고 편안하게 그 길이 보인다. (2010.)

왜 명상을 하는가

들어가면서

인간은 다른 동물들과 달리(?) 늘 궁금해 합니다.

「이 세상은 누가 만들었는가?」
「존재란, 생명이란 무엇인가?」
「왜 나고 죽고 하는가?」
「이 모든 것을 초월한 차원이 있는가?」
「그렇다면 신과 천당과 지옥도 정말로 있는가?」…… 등등.

그러한 의문에 더하여, 인간에게는 이 사바세계의 온갖 괴로움으로부터 헤어나려는 간절한 소망이 있습니다. 생로병사(生老病死)의 과정에서 인간이 겪는 고통은, 문명발달과 더불어 오만가지 모습으로 더욱 다양화 및 심화되고 있습니다. 인구과잉, 자원부족, 환경악화와 기상(氣象)이변과 자연재해, 크고 작은 전쟁과 분쟁과 테러의 만연, 기아(飢餓)와 새로운 형태의 질병 위협, 억압과 인권유린과 범죄, 그런 속에서 서로 부딪고 부대끼며 겪어야 하는 그리고는 이겨야만 하는 현대판의 가혹한 생존경쟁…….

인간은 그런 고통을 모면하고자 노력해 왔습니다만, 역부족이었습니다. 종교도 인문학도, 과학도 기술도 말입니다. 그런가 하면 이상주의 신봉자들의 혁명은, 무참한 폭력행사와 독선 내지는 독재 통치로, 또 다른 고통의 결과만을 안겨 줬을 뿐입니다. 사바세계는 구조적으로 그렇게 돼 있습니다.

다시 그런 것들에 더하여, 죽음에 대한 공포가 있습니다. 죽음이 얼마나 두렵습니까. 살고자 하는, 그리하여 죽음을 모면하고자 하는 갈망은 늙어서도 줄지 않습니다. 그래서, 인간에게 가해지는 최고 형벌은 옛 부터 사형이었습니다. 더러 신비화(神秘化)되기도 하고 미화(美化)되기도 합니다만, 그런 것 자체가 두려움에 대한 반증입니다.

명상은, 인간이 지녀 온 그런 의문과 고통과 두려움을 일거에 그리고 송두리째 해소해 줍니다.

이야기의 내용

고대(古代)부터 철학자들은, 인간이 지녀 온 그런 숙명적 문제들을 해결하고자 노력해 왔습니다. 소크라테스(Socrates, B.C.469?~399)는 일찍이 「너 자신을 알라」라는 말을 한 것으로 유명합니다. 이 말은, 다른 뜻으로도 해석됩니다만, 몸을 지닌 그러면서 나고 죽고 하는 「너의 본질이 무엇인지를 알라」라고 가르친 것이지 싶습니다.

한편 데카르트(R.Descartes, A.D.1596~1650)는, 「나는 생각한다. 고로 존재 한다」라고 말했습니다. 그는 모든 사물(事物)을 의심했고, 논증(論證)이 아닌 명증(明證)만을 믿었고, 그런 바탕 위에서 논리를 전개해 나가고 했던 철학자였습니다. 그는, 의심하는 스스로를 직접 자각(自覺)할 수 있기에, 자신의 존재를 인정했습니다. 그러면서, 자아(自我)가 존재하는 것은 생각하는 능력 때문이라 했습니다. 그것은, 「생각을 일으키는 마음이 있고 그 의지에 따라 행동할 수 있기에, 저마다 독립된 개체로서 존재한다」는 뜻이 아닌가 여겨집니다. 그러나 그는, 자아의 유래(由來)에 대해서는 아쉽게도 밝히지를 못한 채 신(神)에게로 떠넘겼습니다.

인간 및 존재의 본질을 규명함에 있어 철학자들은, 옛 부터 사유(思惟)와 논증 명증 등 지적(知的) 방법을 사용해 왔습니다. 다시 말해서 뇌의 기능을 사용해 왔는데, 영적 수행자들은 반대로 뇌의 기능을 정지시키는 그런 방법을 사용해 왔습니다. 즉 몸을 안정시키고, 생각을 끊고, 뇌의 활동을 정지시키고, 그럼으로써 마음을 제거하는 명상(瞑想)을 해 왔습니다. 그리고는, 존재가 실재(實在)가 아닌 환(幻)임을 입증했습니다. 명상 속에 깊이 들어가 일체의 생각과 뇌의 활동을 정지시키면, 생각의 바탕인 마음이 지워지면서 「나」와 「세계」도 함께 사라집니다. 그리고는 존재를 가능케 했던 그 뒤 진리의 차원이 나타납니다. (그것이야말로 명증이 아니겠습니까.)

절대(絶對)가 없고 홀로는 존재할 수 없는 그러면서 생기고 사라지고 하는 이 상대(相對) 차원의 「세계」에서, 역시 그런 물질들로 이루어진 인간의 몸의 뇌가 그 차원 뒤의 본질 또는 절대 차원을 규명하는 일은 구조적으로 불가능합니다. 그것은, 마치 눈이 직접 제 눈의 구조를 보려는 것과도 같습니다. 눈이 직접 제 눈알을 관찰하고 구조를 분석하는 그런 일을 할 수 있겠습니까? 마찬가지로 「나」가 직접 「나」와 「세계」를 규명한다는 것은, 눈이 직접 제 눈과 그것이 속한 제 몸의 속을 알려는 것과도 같습니다. 정확한 비유는 아닙니다만, 그런 한계가 있습니다. 그래서 칸트(I.Kant, A.D.1724~1804)는 이르기를, 인간이 인식

할 수 있는 것은 단지 현상(現象)뿐이라 했습니다. 눈 귀 등의 감각기관과 경험을 통해서 인식할 수 있는 것이 전부라는 뜻입니다.

과학과 위대한 문명을 만들어 낸 인간의 뇌는, 다른 한편으로 번뇌를 일으키고 고(苦)를 느끼게 할 뿐, 진리 탐구에는 전혀 도움이 되지 않습니다. 오히려 방해가 될 뿐입니다. 그래서 영적 수행자들은, 뇌의 기능을 정지시키는 그런 반대의 방법을 사용해 왔던 것입니다.

각설하고, 명상은 첫머리에서 언급했듯이 인간이 지닌 의문과 고통과 두려움을 확실하게 그리고 일거에 해소시켜 줍니다. 그리고 지복(至福)을 안겨 줍니다. 누구나가 쉽게 그리 되는 것은 아닙니다만, 명상을 하면 그러한 경지를 체험할 수 있습니다. 「나」도 「세계」도 사라진, 그리면서 모든 의문도 묻어 사라지고 오직 영묘(靈妙)한 빛과 지복만이 있는, 그러한 경지를 체험할 수 있습니다. 인간의 인식 및 지식을 초월한, 뿌리째 다른 그런 차원을 체험할 수 있습니다.

표현할 수 없는 경지를 억지 언어로 나타내려, 영묘한 빛이니 지복이니 했을 뿐 실은 언어도단(言語道斷)인 초월의 차원입니다. 인간의 언어로 그리고 지식으로 나타내는 순간, 그 경지는 훼손됩니다. 그래서 옛 조사(祖師)들은 더 이상의 질문에 입을 다물었습니다. 조금 다르게 그리고 감히 말씀드리건대 그 자리는, 실인즉 인간이 생사윤회(生死輪廻)를 거듭하며 억겁의 세월을 헤매 온, 영혼의 절대근원이며 고향입니다.

힘들지만 우리는, 수행을 통해서 그리고 구경(究竟)의 체험으로, 그것과 다시 합일할 수 있습니다. 일체의 의문과 고통과 두려움 그리고 그런 사바세계에서의 삶과 윤회를 종식시키고, 그 영혼의 고향으로 돌아갈 수 있습니다.

다시 각설하고, 중국의 대혜스님(大慧宗杲, A.D.1089~1163) 께서는 그 분의 서장(書狀)에서 깨달음의 경지를 다음과 같이 설명하고 계십니다. 「확철대오하면, 가슴 속 밝음이 백 · 천의 해와 달 같고, 시방세계가 일념으로 밝게 요달 되며, 한 가닥 털끝만치의 다른 생각이 없다. (廓徹大悟 胸中皎然 如百千日月 十方世界一念明了 無一絲毫頭異想).」 그리고 청화스님(2003년 입적)께서는, 진여(眞如)란 우주에 충만한 생명의 빛이라고 하셨습니다.

그리스도교에서도, 중세 독일이 낳은 신비사상가 에크하르트(Meister Eckhart, 1260년경~1328)가 불교의 진여관(眞如觀)과 너무나도 비슷한 얘기를 하고 계십니다. 그 분은, 「나」를 완전히 버림으로써 「하느님」과 합일(合一) 할 수 있다고 했습니다. 그것을 돌파라고 했는데, 돌파는 우리의 영혼이 대상에 대한 상(像) · 관념 · 인식을 완전히 잃는 초탈(超脫)의 극치를 말합니다. 그 상태에서는, 자신과 세상에 대한 인식이 없어질 뿐만 아니라 대상적 존재로서의 신(神)마저 떠나, 신과 인간의 구별이 사라지는 완벽한 경지가 열린다고 했습니다. 그것은 하느님을 넘어선「하느님」이고, 창조되지도 않고 창조될 수도 없는 영혼의 빛이라 했습니다. (길희성 교수의 책 참조)

석가세존께서는, 모습(相) 있는 것은 그 다가 환(幻)이라고 말씀하셨습니다. 다시, 우리 시대의 스승 라마나 마하르쉬(Ramana Maharshi, A.D.1879~1950)께서도 말씀하시기를, 인간은 진아(眞我)가 아닌 거짓「나」를 진실인 양 믿고 있다고 했습니다.

그런데 명상의 그 최종경지에, 체험자는 없습니다. 이유인즉슨「나」가「진아」와 합일했기 때문에 그렇습니다. 그 경지를 모르는 분들은,「나」의 소멸을 두려워하기도 합니다.

「나」라는 개체가 공(空)에 떨어져 죽고 사라지고 하는 것처럼 생각하기 때문에 그렇습니다. 나고 죽는 차원의 초월을, 죽음과 혼동 내지는 동일시하기 때문에 그렇습니다.「나」라는 아상(我相, ego)의 뿌리가 얼마나 견고한지를 알 수 있게 해주는 대목입니다.

한데, 체험해보면 그 반대입니다. (저는 만 44세 무렵 때 너 댓 번 그리고 만 81세 때 한번,「나」가 사라지는 체험을 했는데, 세상에 돌아올 때마다 엄청난 아쉬움을 느끼곤 했습니다. 신비스러운 그 상태에 머물지 않고, 거듭 돌아온 것이 그렇게 아쉬웠습니다. 그러면서 사바세계에 다시 존재하고 있습니다만, 그 의문과 두려움은 체험 전과 비교할 때 거의 없는 편이고, 고통의 원인 행위도 거의 피하며 살고 있지 않나 여겨집니다.)

진아(眞我)의 차원에서 보면 오직 그것만이 「절대」이고, 「참나」이고, 영원한 실재(實在)이며, 「나」「너」「세계」「우주」 그런 것들은 모두가 상대적이고 거짓이고 찰나의 환상(幻像)일 뿐입니다. 상대가 있어야만 존재하고, 비교는 있으되 그 바탕에 부동(不動)인 것이 없고, 「나」를 포함한 모든 것에 항상성(恒常性)이 없고, 그러면서 시간 및 공간의 틀 속에 갇혀 생멸(生滅)할 뿐입니다. 이 모두는 아뢰야식이라는 식(識) 또는 마음의 놀음일 뿐입니다.

그런데 진아의 공(空)은, 위에서 말씀 들였듯이 인간의 언어로 나타내다 보니 그리 표현됐을 뿐, 비어있음도 무(無)도 아닙니다. 뭐라 말할 길이 없는 지복(至福)의 경지입니다. 우리는 그것을 모르며, 거짓 환상 속에서 뒤집힌 몽상(夢想)으로 살고 있습니다. 사람들은 그런 인생을 일장춘몽(一場春夢)이라 말하면서도, 그 틀에 발목이 잡혀 감히 탈출할 동기와 의지를 갖지 못합니다.

위에서 잠깐 말씀드렸습니다만 사바세계에 다시 돌아온 뒤에는, 잔잔한 희열(喜悅)과 편안한 마음을 간직한 채, 현상계(現象界)의 모든 것을 긍정적으로 인정하게 됩니다. 모든 것을 업(業)의 소치로 식(識)의 놀음으로 그리고 환(幻)으로 인정하고 여기고 하면서, 그것들과 싸우는 일을 안 하게 됩니다. 생사(生死)를 초월한 체험으로 인하여, 죽음의 공포도 당연히 사라집니다. 그러면서 남과 뭇 중생(衆生)에 대한 연민의 정, 다시 말해서 동체대비심(同體大悲心) 마저 간직하게 됩니다. 〈인간의 모든 불행은 몸을 「나」라고 생각하는데서 비롯된다〉라는 라마나 마하르쉬의 말씀도, 또한 새롭게 이해하게 됩니다.

마하르쉬 가르침에 따르면, 「나」와 「세계」는 있는 것이 아닙니다. 그것은 진아(眞我)로부터 투사된 환으로, 투사에 의하여 마음이 생기고, 「나」라는 생각이 일어나면서 몸이 있고 세계가 보인다 합니다. 그것은. 진아 위에 나타난 신기루 같은 것이랍니다. 어쨌든, 인간은 그 「나」와 「세계」를 진실인양 굳게 믿고 있습니다. 진아는 「나」없이도 항상 누구에게나 존재하지만, 「나」는 진아 없이 존재할 수가 없습니다. 영화에서, 영상은 스크린 없이 있을 수 없지만 스크린은 그 자리에 항상 있는 것과 같은 이치라고 합니다. 그리고, 스크린 표면에는 이 이야기의 영화에서 저 이야기의 영화로 제목이 바뀌며 끊임없이 새 내용의 영상이 스쳐 지나가지만, 스크린 자체는 변함없이 항상 그 자리에 그대로 있습니다. 윤회전생(輪回轉生)하는 「나」와 스크린격인 「진아」 또한 그러합니다.

그러므로 명상이란, 현상계를 초월하는 것이 아니라, 사실은 그것을 지우고 진아(眞我)의 상태로 복귀하는 것입니다. 그러기 위해서는, 장애물인 「나」라는 생각을 제거해야 합니다. 〈「나」라는 생각을 제거하는 노력〉, 그것이 명상의 전부입니다.

불교에서도 같은 가르침을 펴고 있습니다. 누구나가 진여(眞如)이고 부처인데 (一切衆生悉有佛性), 본인만 그것을 모르고 있을 뿐이랍니다. 왜 그런 일이 생기는가? 그 이유는 위의 설명과 같습니다. 그래서 본래면목(本來面目)인 자성(自性)을 알아차리라고 가르칩니다. 금강경(金剛經)에 아상(我相)을 지우라는 말이 누누이 나오는 것은 다 그 때문입니다. 자성 또는 진아는, 「나」라 여기고 있는 아상만 제거하면, 저절로 들어납니다. 비키기만 해도 들어나는데, 그게 그렇게 어려운 것은 「나」라는 아상이 너무나 견고하기 때문입니다. 선(禪)수행은, 그래서 초월이 아니라 지금 앉아 있는 「제 바탕 알아차리기」의 수행입니다.

누구나 꿈 없는 깊은 잠에서 깨어나면, 개운하게 느낍니다.

그러면서 「한잠 잘 잤다」고 말합니다. 왜 그렇게 느낄까요? 왜 ……? 그것은 「나」도 「세계」도 없는 동안을, 그의 자성(自性)인 진아(眞我)가 받혀줬기 때문에 그렇습니다. 조금 다르게, 어떤 취미에 몰두했을 때 정신적으로 편안해지는 까닭은 그 일 자체가 즐거워서 이기도 하지만, 근본적으로는 역시 그가 고(苦)투성이의 「나」로부터 잠시나마 떠나 있기 때문에 그렇지 싶습니다. 그 틈을, 「참나」인 진아가 받혀주기 때문에 말입니다. 이렇듯 진아는 개체인간의 바탕에, 그 지극한 편안함 내지는 지복의 성품으로 늘 있습니다.

인간이 태생적으로 행복을 바라는 것, 선과 악을 아는 것(良知), 자비를 긍정적으로 여기는 것 등은, 그 모두가 진아의 작용입니다. 당연지사라고 여기고 있는 그 모든 것이, 실인즉 그렇지 싶습니다. (그리스드교와 이슬람의 용어로는, 신의 은총입니다.)

요즘은, 정신치유 목적으로도 명상을 합니다. 이른바 힐링(healing)입니다. 마음 들여다보기 또는 정신집중의 수행이 어느 정도 진척되면, 견성(見性)에 이르지 못했더라도 다소나마 아상이라는 덧씌움이 제거됩니다. 그리고 그 자리에 진아가 들어서면서, 마음은 그만큼의 평화를 누리게 됩니다. 진아의 그 순수한 성품이 말나식을 순화(純化)시키면서 번뇌를 제거하고, 그 밑의 의식을 바르게 작용시키기 때문에 그렇습니다.

나가면서

존재에 대한 의문과 삶의 고통과 죽음의 공포 ……. 그런 것들은 모두 「나」의 마음에 의해서 생깁니다. 하지만 그 「나」와 「세계」는, 단지 환(幻)일 뿐 실제로 있는 것이 아닙니다. 마음속에 잠재해 있는 아뢰야식의 투사일 뿐, 실제로 있는 것이 아닙니다. 그런 진리를 체험하기 위해서 명상을 합니다만 명상은 이때, 그것을 확실하게 체험시켜 줌과 동시에, 의문과 고통과 공포를 단박에 소멸시켜 줍니다. 마음만 지우면 그렇게 됩니다. 그러면서, 오직 지복의 절대차원인 진아로 돌아가게 됩니다. 환이 소멸되면서 말입니다. 수행자 여러분들께서는 확신과 끈기를 갖고 도전하시기 바랍니다. (2014.)

명상방법

들어가면서

금강경(金剛經)에 의하면, 유위법(有爲法)에 속한 「나」와 「세계」는 꿈 · 환(幻) · 거품 · 그림자와 같은 것으로, 실제로 있는 것이 아닌 가상(假象)입니다. 생애를 통하여 온갖 괴로움에 시달리는 「나」와 괴로움을 제공하는 「세계」는 실제로 있는 것이 아닙니다. 그것은 진아(眞我)로부터 투사된 가상 일 뿐 입니다. 투사에 의해서 마음이 생기고 「나」라는 생각이 일어나면서 몸이 있고 「세계」가 보이고 하는데, 인간은 그 「나」와 「세계」를 진실인양 굳게 믿고 있습니다. 그것은 「나」라는 생각이 너무나 견고하기 때문입니다.

명상이란 그 「나」를 지우고 투사를 거슬러 진아의 상태로 복귀하는 것인데, 그러기 위해서는 장애물인 「나」라는 생각을 뿌리째 제거해야 합니다. 〈「나」라는 생각을 제거하는 노력〉, 그 것이 명상의 전부입니다. 불교에서는 그 수행을 참선(參禪)이나 좌선(坐禪)으로, 또는 마음공부로 불러 왔습니다.

그런데, 마음공부라는 말은 오해를 줄 수 있습니다. 그 뜻이 모호하고, 자칫 마음의 연구나 마음 닦기 또는 번뇌(煩惱) 제거를 위한 수행으로 여기게 할 수 있습니다. 그런 노력들은, 명상도 아니고 참선도 아닙니다. 적어도 여기서는 아닙니다.

공부(工夫)는 정신집중을 뜻합니다. 고로 마음공부란, 마음을 어떤 한 가지에 집중시키는 것입니다. 그럼에도 불구하고 그 말이 다른 뜻으로 사용되고 흘러, 수행초보자들을 헷갈리게 합니다. 마음은 본시 없습니다. 그러므로 마음자리도 또한 없습니다. 다만 유위법에 갇혀 지내면서, 중생은 있지도 않은 마음에 속고 있을 따름입니다. 우리는 이제부터, 「나」라는 생각을 제거함으로써 마음을 소멸시키고 유위법에서 벗어나, 무위법인 진아로 되돌아가는 수행 길에 오릅니다.

1. 명상의 갈래

명상에는 크게 두 갈래가 있는데, 하나는 관법(觀法)이고 다른 하나는 집중법(集中法)입니다.

관법은, 관찰하는 방법인데 그 대표적인 것이 남방불교권에서 행하는 위빠사나(Vipassana)입니다. 이 방법은, 석가세존께서 몸소 실천하셨던 것이라는데, 몸(身) · 느낌(受) · 마음(心) · 존재(法)의 변화를 끊임없이 꿰뚫어 보면서, 그 생성과 무상과 소멸을 알아차리는 수행입니다. 꿰뚫음이 고도화 되어 그런 변화의 미묘한 찰나까지 알아차릴 수 있을 정도가 되면, 잡생각을 일으켰던 마음이 응축 및 소멸되고 「나」또한 묻어 사라지면서, 마침내 자성(自性)을 체험하게 되는 그런 명상이 아닌가 싶습니다. 위빠사나에 관해서는 별도로 스승과 문헌을 찾아 공부하시기 바랍니다.

또 다른 관법으로, 마음 움직임만을 지켜보는 관심법(觀心法)이 있습니다. 이 방법에서는, 마음이 만들어 내는 온갖 생각들을 한발 떨어져서 끊임없이 지켜보는 훈련을 합니다. 어떠한 기대감도, 지켜본다는 생각마저도 없어야 합니다. 그리고 조급하지 말아야 합니다. 밀려왔다 밀려가는 하늘의 구름을 보듯, 마음속에서 일어나고 사라지고 하는 오만가지 생각들을 그대로 내맡긴 채, 느긋이 보고만 있어야 합니다. 그러다가 시절인연이 닿으면, 마치 구름사이로 푸른 하늘이 나타나듯, 생각들이 끊기고 「나」가 사라지고 그리고는 마침내 그 것을 즉 자성을 체험하게 됩니다.

집중법은, 마음을 한곳에 집중시키는 방법인데, 그 대표적인 것이 대한불교조계종에서 행하는 간화선(看話禪)입니다. 명상은 내가 「나」와 씨름하여 그것을 제압하고 제거하는 것인데, 이 방법에서는 화두(話頭)탐구를 그 방편으로 사용합니다. 화두란 명상수행을 하는 이가 정신을 한 곳으로 집중시키기 위해서 탐구하는 과제를 뜻합니다. 집중이 잘 되면서도 결코 풀릴 수 없는 그런 과제라야만 하는데, 대개의 경우는 스승인 선지식(善知識, 견성한 수행자)이 제자에게 그의 성품을 보면서 부여합니다. 이를테면 「(몸이 아닌) 나는 누구인가?」「개도 부처가 될 수 있는가?」등의 탐구과제가 그것입니다. 정신집중이 고도화 되면, 탐구하던 과제와 「나」라는 생각과 그리고 마음마저 사라지면서, 마침내 자성(自性)을 체험하게 됩니다. 그것이 견성(見性)인데, 그런 순간을 화두타파 라 합니다.

그 다음의 집중법 으로는, 염불선(念佛禪) 주력선(呪力禪) 신(神)에 대한 순복(順服) 등이 있습니다. 염불선은 부처나 보살의 명호(名號)를 일념으로 외우는 수행입니다. 이를테면, 정신을 가다듬고 자나 깨나 「관세음보살 관세음보살 ……」하며 일념으로 외우는, 그런 수행입니다. 주력선(呪力禪)은 이를테면, 「옴마니반메훔 옴마니반메훔 ……」하며 일념으로 주문(呪文)이나 다라니 등의 진언(眞言)을 외우는 수행인데, 주력이란 그렇게 간절히 외울 때 나타나는 힘입니다.

신(神)에 대한 순복도 비슷합니다. 그 분이 하느님이든 무슨 신이든, 「나」와 내 모든 것을 바치고 내맡기면서 오로지 그분만을 생각하야 합니다. 그러면서 그 스스로는, 어떠한 바람도 의지도 완전히 없어야 합니다. 가르침에 의하면 그렇습니다.

인도의 성인(聖人) 라마나 마하르쉬(Ramana Maharshi, 1879~1950) 말씀에 따르면, 그런 수행들은 마치 부지깽이로 아궁이속 나무를 지피는 일과 같아서, 나무가 다 타고 나면 부지깽이마저 타 없어집니다. 여기서 부지깽이에 비유된 그 도구가, 화두 · 부처님 명호 · 주문 · 신 등입니다.

위의 여러 명상 방법 중에서 어느 것이 더 우월하다고 말씀드릴 수 없는데, 스승 지도에 따르는 것이 마치 지름길을 걷듯 가장 빠른 방법입니다. (저의 경우는 스승 없이 헤매면서, 마음 움직임을 보는 관심법과 집중법의 주력선 및 간화선을 했는데, 나름대로 다 효력이 있었습니다.)

명상에 관한 가르침은 많습니다. 일찍이 수행 고행 끝에 진아를 몸서 체험한 성인 · 선지식들이 자신들의 체험을 토대로, 그 방법을 체계화하여 구전(口傳) · 문헌의 형식으로 우리들 후대에게 전해 주고 있습니다. 그 대표적인 것이 인도의 우파니샤드(Upanishad)등 성전(聖典)이고 불교의 경전 및 어록들입니다. (저의 경우는 조사들 어록 외에, 라마나 마하르쉬 가르침에 깊이 의존했습니다.)

이 글에서는, 간화선 수행법만을 말씀드립니다.

2. 수행자가 지켜야할 일들

한데 명상에는 선행조건이 있으니, 먼저 업장(業障) 소멸을 한 후 바라밀다 행(波羅密多 行)을 하는 것이 바로 그 것입니다. 그런 과정을 거쳐야만 명상이 순조롭게 진척됩니다.

2-1. 업장(業障) 소멸

업장(業障)이란, 수행자가 전생 또는 금생에 지은 그리하여 수행진척에 장애를 줄 수밖에 없는, 모진 업력(業力, karma)의 장애를 말합니다. 그런 업장이 소멸되고, 몸과 마음이 정화돼야만 수행도 비로소 순조롭게 진척됩니다. 11세기 티베트에 나타난 위대한 요기 밀라레빠께서는, 수없이 절망하다가 자살 직전에 발각되어 다시 노역을 거듭해야만 하는, 호된 업장소멸의 고행 끝에 비로소 스승의 가르침을 받을 수 있었습니다.

덧붙여서, 선업(善業)을 쌓아야 합니다. 석가세존(世尊)께서도, 전생에 헤아릴 수 없는 선업을 쌓은 후에야 비로소 성불(成佛) 하셨습니다. 흉악범이 감옥에 들어 앉아 명상한다고 곧 각자(覺者)가 될 수 없는 이유가, 바로 그런 것입니다.

2-2. 바라밀다행(波羅密多行)

바라밀다 행은, 보시(布施) → 지계(持戒) → 인욕(忍辱) → 정진(精進) → 선정(禪定) → 지혜(知慧)의 여섯 단계 수행과정입니다. 보시(布施)는, 남에게 내가 가진 것을 내주거나 베푸는 선행(善行)을 가리키는데, 아상(我相)을 죽이는 가장 강력한 수단입니다. 아상이란, 사바의 물질들이 임시로 모인 것에 불과한 이 몸을 마치 진짜 「나」인 것처럼 확고하게 착각하는 것인데, 그런 아상이 소멸되지 않는 한 견성은 불가능합니다. 그런데, 아상의 발로(發露) 중에서 가장 강하고 질긴 것이 「내 것」하는 생각입니다. 그래서 내 몸, 내 돈, 내 물건, 내 무엇 …… 하는 그것을 없애는, 역(逆)의 방법으로 아상을 소멸시키는 것입니다. 단, 몸이 없으면 수행이 안 되므로, 그 외의 것들을 내 놓습니다. 아상이란 마음이 만들어낸 「나」라는 생각인데, 그런 생각이 없어지면 「나」또한 사라지고 마음도 지워집니다. 그래서 금강경에는 아상을 지우라는 말이 누누이 적혀 있습니다. 기독교 경전에도 「마음이 가난한 자는 복이 있나니, 천국이 저희 것임이요 ……」라고 적혀 있는데(마태복음 5:3), 저의 어리석은 소견으로는, 「마음을 없앤 자는 ……」라는 것이 원래의 가르침일 수도 있지 싶습니다. 같은 맥락으로, 「내 것」이 많은 부자가 천국에 들어가는 일은 「낙타가 바늘구멍을 통과 하는 것」보다 더 어려울 수 있습니다.

지계(持戒)란 계율(戒律)을 지키는 수행입니다. 계율은 걸림이 없는 마음, 즉 자유로운 마음을 간직하기 위해서 지킵니다. 죽이지 아니하고, 훔치지 아니 하고, 거짓말 아니 하고, 간음 아니 하고, 술 마시지 않는, 그런 금계(禁戒)를 지켜야 하는데 그렇지 않을 경우, 마음 심층에 그런 걸림이 남아 있고, 또 술 마시는 경우는 정신이 혼미해 저서 명상이 진척되지 않습니다.

인욕(忍辱)은, 문자 그대로 욕 또는 치욕을 견디는 수행입니다. 살다 보면 온갖 수치와 모욕과 모함을 당하기 일쑤인데, 그럴 때에 일어나는 분노를 참고 견딜 뿐만 아니라 더 나아가 상대를 용서할 수 있어야 합니다. 그리하여 마음이 평화롭고 흔들림이 없어야만, 명상이 순조롭게 진척됩니다.

수행자는 그런 3단계의 수행을 거쳐 명상에 힘쓰고(정진), 선정에 들고, 마침내는 견성하여 진리를 체득함으로써, 치암(痴暗)이 소멸된 지혜로운 삶을 살게 됩니다.

무슨 종교를 믿든 아니 믿든, 영성(靈性) 개조를 위한 이러한 수행을 거쳐야만 비로소 진아와 합일하고 하느님나라에 들어가고 …… 할 수 있는 준비가 되는 것입니다.

2-3. 그 밖의 일들

침묵(沈默)해야 합니다. 수행자는, 좌선할 때뿐만 아니라 일상생활에서도 말을 아껴야 합니다. 말하고 싶은 충동이 일어날 때마다 알아차리고, 그 충동이 어디서 비롯되는지 살피십시오. 이러한 노력은, 수행자의 마음을 내면으로 돌리기 위해서 필요합니다. 내면이란, 자성(自性)을 가리키는 말입니다.

되도록 채식(菜食)을 해야 합니다. 그럼으로써 수행을 순조롭게 진척시킬 수 있습니다. 당연히, 술과 담배도 삼가야 합니다.

감각식(感覺識)이 특정 기호(嗜好)에 매이면, 그만큼 마음이 불안정해지는 걸림돌이 생기기 때문에 그렇습니다. 건강문제를 차치하고도 말입니다.

정돈하는 습관도 중요합니다, 정돈이 습관화되면, 불필요한 것들을 없애는 한편으로 애초에 덜 가지려는 노력도 하게 됩니다. 행동은 마음의 반영입니다. 고로 이러한 실천은, 역으로 생각을 절제(節制)시키면서 더러 안 일어나게 하는, 그런 효력이 있지 않나 싶습니다. 그러면서 단순해지기도 하는데, 이 모두는 마음을 소멸시키는 데에 도움을 줍니다. 흐트러진 생각들로 잔뜩 엉켜있는 마음보다는 덜 힘들지 싶습니다.

얼핏 「지켜야할 일들」이 너무 많고 힘들어 보입니다만, 그 고비를 넘기면 오히려 심신(心身)이 편안하고 자유로워집니다. 이 모두가, 구도(求道)의 여정(旅程)을 단축하는, 그런 것임을 이해할 필요가 있습니다.

그런데 위의 「지켜야 할 일들」은 사실 출가(出家)수행자를 위한 규율입니다. 재가(在家)수행자가 출가자처럼 행동하는 것은, 불가능에 가깝습니다. 특히 바라밀다 수행이 그렇습니다. 그래서 재가자는 출가자와는 다른, 재가자 나름의 수행을 해야 합니다.

이를테면 재가수행자가 출가자처럼 무소유를 실천하려 하기보다는, 일상생활에서 얼이 물질에 지배되지 않는 그러면서 절제된 「소유」를 몸에 배게 행하면, 그것으로 족하지 싶습니다. 석가세존 당시, 법력이 그분의 10대 제자들보다 더 수승했던, 재가자 성인(聖人) 유마거사(維摩居士)께서도 큰 부자(富者)였습니다. 고로 재가자는 재가자 분수에 맞는 그런 「무소유」내지는 「절제된 소유」를 행하면 됩니다.

군대 갔다 오고, 직장을 구하고, 결혼하여 가족을 부양하고, 사회봉사도 하고, …… 하는 세상살이의 오만가지 일을 경쟁 속에서 정신없이 치르는 재가자는, 그러다가 어느 날 생로병사(生老病死)의 후반기에 와있는 스스로를 문득 발견하게 됩니다. 그러면서, 삶과 인생(人生)에 대하여 그 전과 다른 깊은 회의(懷疑)에 빠져 출가를 생각하는, 그런 경우가 흔히 있습니다.

그러지 말고, 애초부터 전반기의 모두를 수행으로 간주하며 살아야 합니다. 바라밀다 수행을 한다는 마음가짐으로, 정도(正道)를 걸으며 열심히 사회생활 하는 그 자체가 곧 재가자의 수행입니다. 보시(布施)도 그렇습니다만 재가자가 행하는 지계(持戒)와 인욕(忍辱)은, 부대끼는 세속의 환경을 고려할 때 출가자의 경우보다는 강도가 훨씬 더 합니다. 당연히, 공덕(功德)도 더합니다. 재가자가 오히려 공덕을 더 쌓고, 정진(精進)에 임할 수 있다는 얘기가 됩니다.

덧붙여서, 명상에 들어가기 전에 일체의 지식과 지적(知的) 방법을 포기해야 합니다(莫存知解). 앞의 제목에서 상대(相對)차원에 속한 인간의 뇌가 절대(絶對)차원의 진리를 규명할 수 없는 이유를 말씀 들였는데, 그것을 다른 예로 설명하면 이렇습니다. 가령, 여기에 직선운동만을 할 수 있는 1차원의 동물이 있다고 합시다. 그는 직선 위에 장애물이 있을 경우, 그것을 돌아 갈수 있다는 생각을 못 합니다. 마찬가지로 2차원 동물은 그 것을 돌아 갈 수 있지만, 뛰어 넘을 수 있다고는 생각 못 합니다. 각각, 그들이 갖춘 천부(天賦)의 지적 능력을 넘는 일이기 때문에 그렇습니다. 같은 이유로, 3차원 동물인 인간은 그 지적 능력으로 초 3차원을 넘볼 수는 없습니다.

지적 탐구는, 형이상학(形而上學)과 형이하학(形而下學)으로 우주마저를 포함한 사바세계의 모든 것을 완벽하게 밝힐 수 있겠지만, 능력이 거기까지이고 그 너머의 진리탐구에는 전혀 도움이 되지 않습니다. 존재의 차원 상대(相對)의 차원 너머에 있는 그 절대(絶對) 차원을 탐구하는 데에는 전혀 쓸모가 없습니다. 접근이 안 됩니다.

명상수행자에게, 지식과 지적탐구는 오히려 제거대상일 뿐입니다. 막힌 수단일뿐더러 생각을 일으키는 장애물이기 때문에 그렇습니다. 고로, 무슨 종교인이든 아니든, 진리를 탐구하려는 자는 그에 앞서 (경전마저를 포함한) 모든 지식과 지적 방법을 버려야 합니다. 그런 맥락으로 볼 때, 유식한 사람보다는 무식한 사람이, 아주 어른보다는 어린 사람이 명상을 더 잘 할 수 있습니다.

3. 화두(話頭) 선택

백봉거사님(白峰 金基秋, 1908~1985)의 말씀처럼, 재가자는 재가수행에 합당한 화두를 선택해야 합니다. 그리고 재가수행은, 사회생활에 무리를 주지 않는 그런 방법이어야 합니다. 가령 재가자가, 「개도 부처가 될 수 있는가?」라는 화두를 갖고 있으면서, 차운전 할 때에도 그것에 골몰해 있으면 어떻게 되겠습니까? 출가자는 그런 화두를 선택하고 또 그것에 24시간 골몰 할 수 있지만, 재가자는 아닙니다.

재가자에게 합당한 화두란, 잠재의식 속에 넣어둬도 불편하지 않은 그런 화두입니다. 예컨대 인간이면 누구나가 품을 수 있는, 「존재란 무엇인가?」 「나는 누구인가?」등의 근본적인 의문이 그것입니다. 그런 의문을 명상할 때마다 끄집어내어 화두로 사용하는 것이, 무리 없는 재가수행의 방법이지 싶습니다.

(저의 경우는, 자랄 때부터 그리고 어른이 된 후에도 늘 「존재란 무엇인가」라는 의문을 잠재의식 속에 갖고 있었습니다, 그러면서 그리고 무슨 짓을 하는 지도 모르면서, 관심법 명상을 했었습니다. 퇴직 후에는 주력선 다음으로, 줄곧 「나는 누구인가」라는 화두탐구를 해왔습니다.)

4. 자세

명상은, 반듯이 가부좌를 틀고 앉아서 해야만 되는 것도 아니고 선방에서 해야만 되는 것도 아닙니다. 일상의 생활에서 화두를 (잠재의식 속에 놔두고) 놓치지 않으면서 끊임없이 물음을 간직하거나, 끊임없이 주력수행 염불수행을 하면, 그 것이 곧 명상입니다. 하지만 초보자의 경우, 흐트러지는 마음을 가다듬기 위해서 하루 한번 정도는 좌선하는 것이 좋은데, 가부좌는 몸과 마음을 안정시키는 가장 적합한 자세입니다. 그리고 여럿이 함께 하면, 대중의 염력(念力)이 합해지는 탓으로 정신집중이 더 잘 됩니다. 마치 학생들이 잘 갖춰진 제 집의 제 방을 놔두고 도서실에서 공부하는 것과 비슷한 이치입니다.

가부좌(跏趺坐) 자세에는 결가부좌(結跏趺坐)와 반가부좌(半跏趺坐)의 두 가지가 있는데, 전자는 오른 발을 왼 넓적다리 위에 그리고 왼 발을 오른 넓적다리 위에 얹고 앉는 자세입니다. 후자는 두 다리를 넓게 벌린 다음 안으로 꺾고, 왼 발 위에 오른 발을 포개어 앉는 자세입니다. 양자 공히, 발의 위아래 위치를 바꿔도 무방합니다. 익숙하기만 하면, 전자가 후자보다 더 편안하며 더 오래 부동의 자세를 유지 할 수 있습니다. 좌복(좌선용 방석)은 넓고 두툼한 것이 좋은데, 그 위 뒤편에 작은 반좌복을 포개어 놓고 궁둥이를 앉히면 하체가 훨씬 더 편안해 집니다.

가부좌를 틀고 앉을 때에는, 배를 앞으로 내밀고 어깨를 뒤로 당겨야 상체가 곧게 유지됩니다. 그러면서 몸속 에너지의 흐름이 원활해지고 척추의 변형도 예방됩니다. 이때 양손은, 배꼽 아래에서 오른 손바닥위에 왼 손바닥을 놓은 후, 두 엄지손가락을 가볍게 맞댑니다. 눈은, 불상의 그것처럼 실눈으로 앞바닥을 향하여 내리깔면 됩니다. 졸지만 않는다면 오히려 살짝 감는 것이 더 좋은데, 마음이 내면으로 향하기 때문에 그렇습니다. 입은 다물되, 혀끝을 윗니와 입천장 사이에 가볍게 댑니다.

오랜 결가부좌 후 일어설 때에는, 그 반대 자세로 몸을 풀어줘야 합니다. 그럼으로써, 다리의 근육을 이완시키고 혈액순환을 돕는 한편으로, 다리의 변형을 예방할 수 있습니다. 반대 자세란, 무릎 꿇고 두 발을 각각 옆으로 밀어 낸 후 상체 무게를 궁둥이와 함께 바닥에 앉히는, 그런 자세입니다. 결가부좌나 그 반대 자세에 익숙하려면 1년 이상의 고된 훈련이 필요하므로, 초보자는 반가부좌부터 익히는 것이 좋습니다.

그리고 거듭 말씀 드리지만, 몸자세는 마음 안정의 수단일 뿐이므로, 마음만 안정된다면 어떤 자세든 무방합니다. (저의 경우는, 간화선 수행을 하기 20년 정도 전부터 결가부좌로 시작하는 하타 요가 수련을 해 왔기에, 그 자세에 별 어려움이 없었습니다.)

5. 호흡

앉고 자세를 정했으면 그 다음으로 마음을 가다듬어야 하는데, 참고로 달라이 라마(Dalai Lama 14, 1935~)께서 가르친 호흡법을 소개합니다 (2014.5.28. 현대불교신문).

「…… 먼저 왼쪽 콧구멍을 왼손 엄지손가락으로 막고 오른쪽 콧구멍으로 숨을 깊이 들이마신다. 왼쪽 콧구멍을 열고 왼손 중지로 오른쪽 콧구멍을 막은 다음 왼쪽 콧구멍으로 숨을 내쉰다. 이를 세 번 반복한다. 그런 후 오른쪽 콧구멍을 왼손 중지로 막은 채 왼쪽 콧구멍으로 숨을 깊이 들이마신다. 오른쪽 콧구멍을 열고 왼쪽 콧구멍을 왼손 엄지손가락으로 막은 다음 오른쪽 콧구멍으로 숨을 내쉰다. 이를 세 번 반복한다. 마지막으로 양쪽 콧구멍으로 깊이 숨을 들이마시고 양쪽 콧구멍으로 숨을 내쉰다. 이를 세 번 반복함으로써 총 아홉 번의 숨을 쉰다. ……」 그러면서, 마음으로 호흡을 지켜봅니다.

다시 그 다음으로 화두를 들게 되는데, 이때의 호흡법으로 송담스님(松潭, 1927~)의 가르침을 소개합니다 (2003.1.15. 현대불교신문). 〈…… 숨을 깊이 들이마신 후 3초 동안 머물렀다 내쉴 때 「이 뭣고?」, 다 내쉬면 스르르 숨을 들이 마쉬되 들이 마시면서도 아까 그 「이 뭣고?」한 그 의심의 여운이 그때까지 오도록 그렇게 조용하게 관조를 하는 것입니다. 3초 동안 머무는 동안에도 그 의심을 묵묵히 관조하다가 조용하게 내쉴 때 다시 또 「이 뭣고?」. 처음에는 숨을 들이마셨다가 내쉴 때마다 「이 뭣고?」, 이렇게 하다가 차츰차츰 딴 생각은 줄어들고 「이 뭣고?」가 잘되면 두 번 들이마셨다 내쉴 때 한 번씩만 「이 뭣고?」를 들고, 나중에 더 익숙해지면 다섯 번 호흡하는 동안 「이 뭣고?」한번이 의심으로 쭉 이어지도록 합니다. ……〉

두 분 스승의 가르침을 소개했습니다만, 수행자는 그것과 뒤의 설명을 참고하여 자기에게 맞는 호흡법을 스스로 개발해야 합니다. 맞는 호흡법이란, 정신집중이 가장 잘되는 호흡입니다. 요가 행법에, 호흡훈련(調息)에 관한 그런저런 가르침이 또 있습니다.

(저의 경우는, 평소 단전호흡을 했기에, 간화선수행 때에도 그 호흡법을 써왔습니다. 단전호흡이란, 배꼽 밑 아랫배로 쉬는 호흡입니다. 아랫배가 완전히 비워질 때까지 천천히 숨을 내쉬었다가 멈춘 후 다시 가득 찰 때까지 천천히 들이마시는, 그런 호흡입니다. 자리에 앉은 다음 마

음이 안정될 때까지 그렇게 지켜보면서 호흡했고, 다음에는 날숨 때에도 들숨 때에도 화두를 들며 그렇게 호흡했습니다. 그러다가 정신집중이 잘 안될 때에는 들숨을 가득 채운 채 40초 정도까지 참으며 화두를 외우곤 했고, 다시 힘을 받으면 정신을 양미간에 집중하면서 천천히 화두를 외었습니다.) 그런데, 호흡법의 용도는 거기까지이고, 일단 몰입상태에 들면 무슨 호흡을 하든 상관없고 또 무슨 호흡을 했는지도 모르게 됩니다.

호흡의 뿌리와 생각의 뿌리는 같은데, 단전이 바로 그 자리이지 싶습니다. 숨을 완전히 내쉰 다음 단전을 납작하게 만들고 참으면, 그런 동안은 어떠한 생각도 일어나지를 못합니다. 마음이 들숨을 일으키는 데에 묶여 있기 때문에 그렇습니다. 「나」가 죽지 않도록 하기 위해서, 몸으로 하여금 혼신(渾身)의 힘으로 다시 들숨을 잇도록 하는 일에 묶여 있기 때문에, 생각 일으킬 여유가 없어 그렇습니다. 가르침에 의하면, 마음(아뢰야식)이 먼저이고, 그 마음이 「나」와 「세계」를 일으켜 실제로 있는 것처럼 보이게 한답니다.

단전이 납작해지고 호흡이 멈췄음은 바로 죽음(死)이고 「나」가 없는 상태입니다. (1분 이상 지속해 보면, 거짓이 아님을 알 수 있습니다.) 그런 후의 들숨은 남(生,)이고 「나」가 소생했음을 뜻하는데, 그때라야 「나」가 비로소 생각을 할 수 있습니다. 호흡과 생각의 뿌리가 같다고 말씀드리는 것은 바로 그래서입니다.

거듭 말씀 드립니다만, 수행자는 위의 설명들을 참고하면서 자기에게 맞는 호흡법을 스스로 개발해야 합니다. 잡생각이 억제되는 한편으로 정신집중이 잘 되는, 그런 호흡 말입니다.

6. 정신집중

화두탐구 할 때 정신을 집중시키는 그 한곳은, 정수리 아니면 양미간 아니면 오른쪽 가슴입니다. (저의 경우는, 세 곳을 다 시도해 본 끝에, 주로 양미간을 집중처로 삼았습니다.)

화두탐구를 하다 보면, 오만가지 생각이 끊임없이 일어나면서 방해를 합니다. 거짓말 보태, 그 옛날 젖 먹던 시절의 생각까지 일어납니다. 초보자일수록 더한데, 그것들을 제어하는 방법은 오직 앞에서 설명한 호흡법과 집중뿐이며, 그 외의 묘수는 없습니다. 명상안내서에 더러 적혀있습니다만, 그 다가 대개 묘수 아닌 임시방편이거나 명상진척을 오히려 지연시키는 것일 뿐입니다.

잡생각(망상)이 일어날 때마다 그것을 알아차리고 호흡법으로 다스리면서 다시 화두를 붙들면 됩니다. 망상은 본디 없는 것이고, 소멸되기 위해 나왔을 따름입니다. 그럼으로, 그것들을 무시하면서 알아차리고 호흡조절하고 집중하고 하면서, 화두를 든 채 오직 앞으로만 나아가십시오. 그러다보면 집중력이 점차로 강해집니다.

흔히, 간화선 수행자에게 신심(信心)과 의심(疑心)과 분심(憤心)의 세 가지 발심을 당부하고 있습니다. 첫째로 세존(世尊)과 여타 성인들의 가르침을 굳게 믿어야 합니다. 「나」와 「세계」는 실재(實在)가 아닌 거짓이며, 오직 영원불멸한 진아(眞我) 진여(眞如) 하늘(天) 또는 부처만이 「참나」임을 믿어야 합니다. 미망(迷妄)에 빠져, 환(幻)에 불과한 「나」와 「세계」를 진짜인 것으로 착각하고 있음을 인정해야 합니다. 스스로를 그렇게 납득시켜야 합니다. …… 그러나, 이 일은 쉽지 않습니다. 가짜인 「나」가 자신을 죽여야만 하기 때문에 그렇습니다. 그래서 명상을 합니다만, 마음제거훈련이 어느 정도 진척되고 신비한 경계를 만나고 하면, 차츰 그것을 믿게 됩니다. 서두르지 않아도 그렇게 됩니다.

그렇다고, 「나는 부처다」라는 생각을 붙들고 있어도 안 됩니다. 절대로 아니 됩니다. 화두의심에 걸림돌이 되기 때문에 그렇습니다. 고로 그러기보다는 그렇게 되기 위해서 그리고 그런 가능성을 믿으면서, 세상의 그 어떤 가치에도 집착하지 말고 스스로를 내면으로 밀어 넣는 자세가 돼야 합니다.

둘째로, 화두를 크게 의심해야 합니다. 정신집중이 어느 정도 익숙해지면, 차츰 몸의 기운을 보태 혼신의 힘으로 화두를 의심해야 합니다. 그리하여, 틈새가 사라지고 머리와 화두가 하나 되어 나아가는, 그런 상태에 이르도록 노력해야 합니다. 최종단계에서는, 마치 산모가 아기를 낳듯 해야 되지 않겠나 싶습니다.

그러나 셋째의 분심은, 자칫 오류를 범하게 할 수 있습니다. 가령, 「차라리 죽을지언정 견성하기 전에는 이 자리에서 절대로 물러나지 않겠다」라는 마음은 그 자체로 걸림돌이 됩니다. 그런 분심이 소멸될 때까지, 명상은 나아가지 못하고 제자리걸음을 합니다. 왜냐하면 그런 굳은 결심은, 목적을 이루려는 강한 집념 내지는 집착인 까닭에 그렇습니다. 오히려 마음의 소멸을 막는 장애물 역할을 하기 때문에 그렇습니다. 고로 그런 마음마저 내려놓고 자나 깨나 오직 모를 뿐 ……, 마음이 마치 대(竹)의 속처럼 텅 비게 해야 합니다. 어떠한 생각도 일어나지 않고 어떠한 결심이나 의지도 남아 있지 않도록 노력해야 합니다. 그런 노력은 오직 한 가지, 화두탐구일 뿐입니다.

위의 설명과 관련하여, 분심보다는 오히려 인내심(忍耐心)을 당부해야지 싶습니다. 왜냐하면, 명상은 자기(ego)와의 싸움인 동시에 시간을 떠난 노력이기 때문에 그렇습니다. 평생토록 진짜인줄 알고 그 휘두름대로 살아온 「나」를 가짜로 인정하고 내

쫓는 일, 감히 생각조차 못했던 그 일을 오로지 가르침만을 믿고 실천하는 도전, 그것은 그야말로 지극한 끈기 내지는 인내심을 필요로 하는 극기(克己)의 수행이자 세월을 잊은 싸움이기 때문에 그렇습니다.

비슷하게, 이번 안거 이번 용맹정진에서는 반듯이 한 소식을 얻어야만 되겠는데 따위의 강박감을 가져도 아니 됩니다. 쫓기는 마음 기대하는 마음 해내고야 말겠다는 결의(決意)의 부스러기마저 모두 내려놓고, 오직 화두만을 끈질기게 탐구해야 합니다. 금강경의 어록을 빌려 말하면, 응당 어떠한 (생각의) 머묾도 없이 그 마음을 멸해야 합니다(應無所住而滅其心).

수행자를 힘들게 하는 것이 가려움입니다. 초보자일수록 심한데, 그럴 때에는 알아차리면서 참아야 합니다. 수행자는 감각억제력, 즉 제감(制感) 능력을 키워야 합니다. 그런 훈련이 어느 정도 됐을 무렵에는, 웬만해서 가려움이 일어나지를 않습니다.

7. 진척

명상초기에 기력이 쇠퇴할 수 있습니다. 그럴 때에는, 쉬면서 그리고 요가 호흡을 하면서, 회복을 기다리는 것이 좋습니다. (저의 경우는, 시작 13개월 후에 그런 증상이 나타나 3개월간을 쉬었습니다. 그 좋던 체력이 까닭 없이 쇠퇴했고, 1 Km도 안 되는 거리를 쉬고 쉬며 걸어야 했고, 어디를 가면 창피하게도 앉을 자리 누울 자리부터 찾았고 그랬습니다. 그리하여 좌선을 멈추고, 집에서 쉬며 단전호흡으로 기력을 회복했는데, 그 후로는 빨려 들어가듯 수행이 이어졌습니다.)

명상이 진척되면서 갖가지 경계(境界)가 나타날 수 있는데, 개의치 말아야 합니다. 또한, 경계를 다시 체험하려 해서도 안 됩니다. 화두를 꼭 붙들고, 흔들림 없는 자세로 나아가야 합니다. 한편, 경계가 나타나지 않는다 해서 실망할 필요도 없습니다. 겉으로 나타나지 않더라도, 내면에서 착실하게 진행되고 있는 즉, 시절인연이 닿으면 마치 익은 사과 떨어지듯 그 경계가 나타납니다. 그러한즉슨, 때를 재촉하지 말고 느긋하게 나아가야 합니다.

명상은 머리가 또렷할 때 진척됩니다. 수행자를 크게 괴롭히는 것이 졸거나 잠에 빠지는 것인데(혼침), 누구든 그것으로부터 자유로울 수는 없습니다. 특히 결혼하고 직장을 갖고 사회활동을 하고 하는 재가 수행자의 경우는 더욱 그러한데, 염려하지 마십시오. 또렷함이 단속적일망정, 명상은 마치 징검다리 건듯 이어집니다. 다만 일상생활에서 피곤요인을 줄이고 채식하고 적게 먹고 하면서, 혼침 이기는 훈련을 하십시오. (저의 경우 졸릴 때면, 가부좌를 튼 채 이삼십 분씩 눈을 붙이곤 했습니다. 그것이, 보다 더 긴 시간을 혼미한 상태로 버티는 것보다 낫지 싶어서 그랬습니다. 그것과 관련하여, 명상기간 중에는 몸의 수면 욕구를 들어 줄만큼 잠을 자두는 것이 더 낫지 않나 싶습니다. 왜냐하면 혼미해지는 것 말고, 수면시간을 아끼려는 마음속에 자칫 해내고야 말겠다는 굳은 의지가 밸 수 있고, 그것이 제거대상인 마음을 계속 붙들기 때문에 그렇습니다.

극단적인 예가 함부로 하는 장좌불와인데, 그 경우 결국은 지쳐 자포자기 할 때에야 비로소 명상이 진척됩니다. 그리 볼 때 용맹정진도, 명상이 무르익은 최종단계에서 해야만 성과를 거두지 싶습니다.

참고로 제 경우에는, 워낙 잠을 잘 자는 편이었고 시간도 있었던 까닭에, 매일 9시간을 잤습니다. 그리고, 좋아서 명상을 했을 뿐, 견성하려는 의지가 없었습니다.)

같은 노력에도 불구하고, 어떤 분은 진척이 빠르고 어떤 분은 더디거나 멈춘 듯한, 그런 차이가 있을 수 있습니다. 그것은, 근기(根機)와 업장소멸과 그간에 실천한 바라밀다 행의 성과에 더하여, 전생에서 수행한 정도가 개인마다 다르기 때문인 것으로, 가르침에 적혀 있습니다. 그런 이치를 이해하면서 지나간 수행기간을 점검하고, 부족했던 점을 보완하며 정도를 걷다 보면 예기치 않게 그 결실을 보는 날이 올 것입니다. 조급하면 안 됩니다.

앞에서 언급했듯이 그 어떤 분심이나, 해 내고야 말겠다는 결의나, 강박감 초조함 등이 있어서는 아니 됩니다. 후배나 아랫사람이 먼저 견성했더라도 느긋해야만 합니다.

8. 화두타파

명상이 순조롭게 진척되면 화두와 의심이 하나 되어 끊어짐 없이 나아가는데, 대한불교조계종의 간화선 교과서는 그것을 의정(疑情)이라 정의하고 있습니다. 더 나아가 하나의 덩어리로 뭉치는 상태를 의단(疑團)으로, 그리고 불덩어리처럼 되어 다른 것이 끼어들 여지가 없는 상태를 타성일편(打成一片)이라 말하고 있습니다. 그 다음 단계는 이른바 「무명(無明)이 깨지면서 오묘한 도(道)를 만나는」 화두타파(話頭打破)이고, 견성(見性)입니다. 요약 정리하면, → 의정 → 의단 → 타성일편 → 화두타파 입니다.

그러나, 명상의 최종단계가 꼭 그런 도식대로 진행되는 것은 아닙니다. 어느 정도 명상훈련이 되고, 집중력이 생기고, 노력 끝에 잡생각이 모조리 축출되고, 잡생각을 일으켰던 그 마음이 오직 화두 하나로 응축되고 나면, 다음으로 마음마저 소멸되면서 몸도 함께 사라집니다. 억겁의 세월 동안 윤회를 거듭하며

고(苦)를 안겨주던 그 몸이 마음과 함께 사라지고, 드디어 아뢰야식 전의 상태로 복귀하는 것입니다.

(저의 경우는 여러 번의 의정체험 끝에, 화두가 스스로 굴러가면서 빠르게 뭉치고, 모든 생각들이 퇴출되고, 머릿속이 알 수 없는 힘에 의해 마치 (불덩어리 아닌) 콘크리트처럼 굳어지고, 잠차로 더 힘을 받으며 나아가는 그런 체험을 한 바가 있습니다. 그러나 그 체험은, 어느 한 분이 어깨를 지속적으로 흔드는 바람에, 애석하게도 그만 거기서 깨져 버렸습니다.)

그것은 그렇고, 고된 명상과정을 이겨내며 마지막 혼신의 힘으로 화두의심을 해도 진척이 전혀 없는 경우가 허다합니다. 그렇더라도, 수행자는 인내심을 갖고 다시 그 노력을 되풀이해야만 합니다. 그렇게 나아가다 보면, 꽉 막힌 벽을 만나 한 발짝도 더 나아갈 수 없는 그런 답답한 경지를 언제고 간에 만나게 됩니다. 점점 숨이 막히고 가슴이 죄어드는, 엄청난 답답함 ……. 한데, 바로 그때가 화두타파의 시발점입니다. (그것과 관련하여 「내가 행한 주력선과 간화선」을 참조시기 바랍니다.)

나가면서

공자님 면전에서 감히 문자를 쓰듯, 앞서 가는 여러 도반(道伴)들 앞에서 하찮은 말을 늘어놓아 송구스럽습니다. 사바세계 하직을 앞두고, 그 간에 체험한 것과 터득한 것들을 토대로 이 글을 썼습니다. 명상입문자들과 관심 있는 분들에게 다소나마 도움이 됐으면 합니다. 나무 반야바라밀다행 (2014.)

나의 전반생애 수행 기

들어가면서

저는 만 44세 생일을 전후하여 신비스러운 체험을 했습니다. 그것은, 많은 선배 수행자 분들에게 별것 아닐 수도 있는 그런 것이었습니다만, 당시의 저에게는 불가사의의 극치였습니다. 그래서 얘기를 꺼내는 것조차 마치 천기(天機)의 누설처럼 생각되어, 이제껏 입을 다물고 지냈습니다. 그러나 지금 와서 헤아려보니, 그것은 수행 과정에 나타나는 한 중간 이정표와도 같은, 그런 것 이었습니다. 그리고 그 체험이 있기 전까지의 제 전반생애(前半生涯) 특히 성장기에 겪은 일들이 그 체험과 무관하지 않았습니다. 그리하여, 수행의 시각으로 그 체험을 그 전의 제 삶과 결부시킨, 이 「전반생애 수행 기」를 쓰게 됐습니다.

이미 그런 저런 체험을 다 거친 선배 도반들께서는, 아직도

미숙한 이 수행자를 이끌어 주셨으면 합니다. 또한, 무슨 종교를 믿든 아니 믿든 간에 영적(靈的) 수행에 뜻이 있는 그리고 인연 닿는 예비 구도자들에게, 저의 이 글이 조금이나마 도움이 됐으면 합니다.

1. 업장(業障) 지우기

저는 성장기에 불운했습니다. 일찍이 부친을 여의었고, 두 형제와 함께 홀어머니 밑에서 자랐고, 초등학교 4학년 무렵부터 집안일과 어머니의 행상 일을 도왔고, 중학교 4학년 때부터는 숙식비와 학비를 벌며 홀로 살아야 했고 …… 그랬습니다. 저는 1931년에 태어나 개성(開城)에서 자랐는데, 1944년부터 1950년까지의 6년제 중학교기간이 특히 힘들었습니다. 때가 일제(日帝)에 의한 식민통치와 연이은 전쟁 및 혼란의 시기였으므로, 힘든 정도가 더했습니다. 질병에 의한 시달림, 배고픔과 궁핍과 가난에 따른 여타의 수모와 굴욕, 좌절과 절망과 외로움 그리고 나락으로의 자존심 붕괴 …… 등을 견뎌야 하는 그런 힘듦 이었습니다. 송구스럽습니다만 그 기억을, 사무치게 각인된 것만 아래에 몇 가지 간추려 봤습니다.

저는 선천적으로 몸이 허약했습니다. 초등학교 졸업 때까지, 체력이 같은 반 학생 60명 중에서 59번째였는데 저 다음의 애는 신체발달이 덜된 장애아였습니다. 어지럼증 · 고뿔 · 학질 · 이질과 함께 지냈고, 버짐과 입가 귓가가 짓무르는 습진 그리고 다래끼를 달고 살았습니다. 누우면 천장에 허깨비가 보였고, 밖에서는 비실거리며 뛰고 걷곤 했습니다.

중학교 입학 후로는 그런 것에 더하여, 늘 폐병 공포에 시달려야 했습니다. 그 무렵에는 한 학기가 가기 전에 교실 내에 한두 자리가 비곤 했었는데, 그 원인은 대개 폐결핵 사망이었습니다. 허약했던 저는, 늘 그 공포에 짓눌리며 지냈습니다.

굶는 일이 잦았습니다. 점심을 먹을 때보다 안 먹을 때가 더 많았고, 그 외의 끼니도 보리나 밀에 쌀을 섞거나 안 섞은 그러면서 양에 한참 못 미치는 밥 아니면 감자 · 참외 · 콩 찌끼 · 술찌끼 · 미군 잔반을 섞어 끓인 꿀꿀이죽 등으로 때우곤 했습니다. 두 끼니 이상을 연거푸 굶는 일도 자주는 아니더라도 가끔씩 있곤 했는데, 그러면서 저는, 자랄 때 겪는 여러 고생 중에서도 가장 큰 고생은 역시 굶주림이라고 결론지었습니다. 단순한 굶주림에 더하여, 남들이 교실에서 도시락 점심을 먹기 전에 슬그머니 나가는 일과 안 먹고도 먹은 척 하는 일이 마음을 참담하게 했습니다.

1947년의 어느 늦은 가을날 그리고 개성역 구내(構內). 저는 무엇인가의 위에 엎드려진 채 늘씬하게 얻어맞고 있었습니다. 철도경찰 두 명이 제 볼기에 연신 곤장을 쳐댔습니다. 내려 칠 때 마다, 닫은 눈에서 별빛이 번득댔고 살이 찢어질 듯 아팠습니다. 사태의 원인은 무임승차였는데, 행상경비를 절약하려 무임승차한 후 재주껏 개성 역을 빠져나오다가 고만 잡혔던 것입니다.

그들이 간 후에도, 저는 한참동안을 미동도 하지 않았습니다. 제 자신이 한심스러웠습니다. 생각이 그치지 않았습니다. 이런 모습으로 계속 살 것인가 아니면 죽을 것인가. 학교를 그만둘 것인가. 거저 먹여주는 군대라도 가고 싶었지만 나이가 미치지 못했습니다. 한참을 그런 식으로 생각하던 저는 드디어 일어섰습니다. 어떻게든 이 어려움을 돌파하기로 결심했습니다. 그리고는 어기적거리면서, 어스름해진 철로를 따라 역 구내를 빠져나갔습니다.

1950년 5월 5일, 개성공립중학교 강당. 이 날은 그 곳에서 졸업식이 거행되던 날 이었습니다 (그 당시의 학년 초는 6월 1일이 었음). 저에게는, 남들과 달리 영예의 졸업에 더하여 기나긴 6년간 고난(苦難)에 종지부를 찍고, 그것을 문서로 증명 받는 날이었습니다. 한데, 저는 졸업장을 받지 못했습니다.

사연인즉슨, 그 마지막 학기에 등록금을 못 냈던 것입니다. 설마 했던 일을 당하고 보니, 눈앞이 캄캄했습니다. 아, 어떻게 견뎌온 6년인데 ……. 온갖 수모와 자존심 붕괴와 외로움을 견디고, 굶고 떨고 해진 바지 구멍을 가려가며 입고, 영어사전 없이 영어공부를 하고 ……. 합격해 놓은 대학입학이 행여나 어떻게 될까봐 두려웠습니다. (해군사관학교 · 한국해양대학교 항해학과 · 서울대학교 문리과대학 영어영문학과에 합격해 놓은 상태였습니다.) 그러나 그 절망은, 스승의 도움으로 그 후 끝이 났습니다.

그런 고난이었더라도 그 시절에, 저 외의 소년들이 다 편안하게 지낸 것은 아니었고, 저 보다 더 혹독한 소년기를 보낸 이들이 많이 있었습니다. (적어도 저는, 그 당시 중산층 이상만이 넘볼 수 있었던, 중학교엘 다니고 있었습니다. 그리고 그 신분을 지키느라 사서 고생을 한 측면이 있습니다.) 그럼에도 불구하고 그 고생 내지는 고행이 뼈에 사무치도록 힘들었던 것은 아마도 저의 유난스러운 감수성 때문이 아니었겠나 생각하는 한편으로, 그 역시 배려된 업장소멸의 과정이었지 싶습니다. 장식(藏識) 속에 박혀있는 숙세의 업장(業障)을 제거하려면, 그 정도 또는 그 이상의 강력한 심적 청소가 필요했던 것입니다. 고통이 극에까지 사무치는 그런 청소 말입니다.

성장기 후의 삶에도 고난은 있었습니다만, 운이 있어 다 넘겼습니다. 625전쟁에 참여하면서 그리고 이른바 방탄장교 소모품 소위로 불리며, 전선(戰線)에 투입 됐지만 서도 용케 살아남았습니다. 저와 함께 육군소위로 임관된 동기생의 1/4 이 전사했고 남은 상당수가 부상당했고 포로가 됐고 했지만, 저는 멀쩡하게 육신을 보전한 채로 625전쟁 3년1개월의 남은 기간을 버텼고, 그 후로 학문도 계속했고, 명예롭게 제대하여 전문직 사회인으로 변신도 했습니다.

성장기와 성장기 후를 살면서, 저가 여러 고비마다에서 용케도 죽음이나 신체장애의 화를 면했던 것을 그 당시는 행운이라고 생각했었습니다. 그런데, 그게 아니라 업(業)에 의한 수행의 수순이었고 가피(加被)였다고 이해한 것은, 저가 불교에 귀의한 만 55세 이후의 일입니다.

2. 계율(戒律)지키기

저는 선천적으로 고기를 못 먹는 체질이었습니다. 쇠고기든 돼지 · 닭의 고기든, 먹으면 토했습니다. 어릴 적에는 그것들이 징그러웠고, 철이 들면서부터는 그것에 더하여 불쌍한 느낌마저 들었습니다. 시절이 식량난 시절이었고 더더욱 동물성 단백질이 귀했던 때인지라, 어머니께서는 어쩌다 생긴 고기를 우리에게 먹이곤 하셨는데, 그럴 낌새가 보일 때마다 저는 근심이 태산 같았습니다. 어떻게 하면 그 「난국」을 넘길까 하고 ……. 결국은 야단맞으면서 먹고 그리고는 이내 토하고 했습니다. 작은 생선과 북어 · 동태는 먹었습니다. 그러나 그것들도, 원통해 하는듯한 그 눈알을 보며 기가 질리곤 했습니다. 저가 유일하게 즐겨 먹은 동물성 식품은 그 당시 흔했던 바다조개였습니다.

저는 술도 못 마셨습니다. 마시면 금세 얼굴이 화끈거렸고 가슴이 두근거렸고 토할 것 같았고 그랬습니다. 그 후, 회식자리에서 그냥 앉아있기가 민망스럽고 또 강제로 먹이고들 하여 연습 끝에 술 실력을 늘렸습니다만, 그 한계 실력은 지금도 여전히 식사 후 소주 한 잔, 맥주도 한 컵, 그리고 포도주도 한잔을 넘지 못하고 있습니다.

담배도 체질에 안 맞았지만, 그것보다는 안 피웠다고 하는 것이 맞을 듯싶습니다. 단칸방에서 어머니가 뿜어내신 자욱한 담배연기를 마시면서 그리고 머리 아픈 것을 참으면서 자란 저는, 그 반사작용으로 안 피우기를 다짐했던 것입니다. 어머니께서는 그러면서 늘 화투치기를 하셨는데, 덕분에 그리고 역시 반사작용으로, 저는 화투놀이를 포함한 일체의 카드놀이나 내기놀음을 안 하게 됐습니다.

훔치지 않기와 관련하여, 저는 지금껏 가슴 깊이에서 시달리고 있는 일이 한 건 있습니다. 아, 그 때는 왜 그토록 삿된 마음을 극복하지 못했는가, 하는 죄책감에서 지금도 자유롭지 못합니다. 사연인즉슨, 1958년쯤으로 기억되는데 그 당시 저는 경상남도 김해읍(金海邑)에서 아내 및 첫돌 된 아들과 함께 단칸 셋방에서 살고 있었습니다. 어느 날 동네 은행에서 찾아온 돈다발에 지폐 한 장이 더 묻어 온 것을 그대로 가로챘습니다. 100환짜리였던 것 같은데, 가난보다는 욕심이 앞서서 저지른 그 일이 지금껏 제 양심을 괴롭혀 왔습니다.

많이 다르게, 이번에는 죽이지 않기와 관련하여 또 있습니다. 그 이듬해 역시 김해에 살고 있을 때였는데, 저는 아내로 하여금 임신 3개월째인 태아를 낙태시켰습니다. 연년생을 키우기가 벅찬 탓도 있었지만, 애 둘을 4년 터울로 낳으리라는 제 「계획」에 위배됐기 때문에, 심사숙고는 했지만 서도 지워버리고 만 것입니다. 미련한 살생이었고 살인이었습니다.

이 외에도 참회할 만한 일이 어찌 또 없겠습니까? 저는 이번 생애에서도 적지 않은 죄를 지었고 너무나 많은 잘못을 저질렀습니다. 한데 그중에서도 위 두 번째의 죄는, 늘 참회하면서 가슴이 찢어지는 회한(悔恨)을 감수(甘受)해 왔습니다. 태어나다 만 그 당사자에게 정말로 몹쓸 짓을 했습니다. 아 그때는 왜 그다지도 미련했고 비정했고 무지몰각(無知沒覺)했는지 …….

금주 금연 금음(禁淫)등의 금욕과 절약, 절제된 생활, 그리고 오랜 군대생활에서 익힌 규칙적 행동은 어느덧 저를 완벽주의 지향형으로 만들었고, 그렇지 못했던 주변 사람들을 내려다보는 습관마저 갖게 했던 것 같습니다. 아내를 포함한 주변 사람들이 피곤해 하는 것 같아서, 예비역 편입 후로는 그런 제 행태를 반성하고 완화하고자 노력했습니다.

좀 다른 이야기입니다만, 저는 인색했습니다. 그렇게 된 배경에는 자랄 때 겪은 지독한 돈고생이 깔려있습니다. 저를 지켜주는 것은 돈 뿐이고, 돈 떨어지는 날이 죽는 날이라고, 그리고 남에게 폐를 끼치지 않고 정도(正道)만 걸으면 된다고 늘 생각했습니다. 신념이었습니다. 그리하여 지독하게 절약하고 저축하고 하는 인생을 살았습니다.

1965년에, 그 간 세 차례에 걸친 미국유학 시절에 (두 번은 미국육군공병학교, 한번은 U.C. Berkeley) 미국정부로부터 받은 수당과 장학금을 절약하며 모은 돈으로 처음 「내 집」을 마련하고, 1968년에 제대하여 대학교수가 되고, 1975년에 교수봉급이 크게 오른 후에야 비로소 경제적인 마음을 열고 남들을 대할 수 있었습니다. 그래봤자, 고작 명절이나 연말에 주변사람들에게 떡값을 나눠주는 정도였는데, 조금 더 반성한 것은 불교에 귀의한 1986년 무렵이었지 싶습니다.

그러나 이런 면은 있었습니다. 제 집을 짓는 인부들이나 저를 위하여 일하는 가난한 사람들에게 인건비만큼은 늘 후하게 지불했습니다. (어떤 인부는 저를 가리켜「조선에 다시없는 사람」이라고도 했습니다.) 그리고 1971년 저가 여의도 아파트로 이사 가면서부터는, 제 소유의 그 대지 100평 건평 10평짜리 서울 오류동 집을, 가난하게 셋방살이하던 이웃 부부에게 12년간 무료로 빌려주기도 했습니다.

그리고 집안일이지만, 저는 20대 후반 부터 50대 초반 때까지 제 형의 생활을 도왔습니다. 생활능력을 발휘 안 하는 형에게 셋방 → 전세방 → 전셋집 → 내 집을 마련해주고, 연탄과 쌀을 들여보내고, 급할 때 돈을 보내곤 했습니다. 전셋돈을 사기꾼에게 날리고, 회사임원으로 취직한다며 떼써서 가져간 돈도 역시 그렇게 날리고, 자식이 초등학교 입학 때가 돼서야 비로소 밀린 혼인신고를 하고 하는 형을 인내심을 갖고 도왔습니다. 받는 쪽에서는 늘 적은 돈 작은 원조였지만, 주는 쪽은 피곤했고 힘들었습니다. 형제간의 일인지라, 그것이 보시(布施)는 아니지만, 인내 내지 어느 정도의 인욕(忍辱)훈련은 되지 않았겠나 싶습니다. 자랄 때에도 짓궂던 그 분은 어쩌면 저의 업장소멸을 돕기 위한 악역(惡役) 소임을 맡았던 게 아닌가 하고, 요즘은 오히려 고맙게 여기고 있습니다. (2012년 세모에 타계했습니다.)

3. 화두(話頭) 들기

회상하건대, 어릴 적 저에게는 다른 애들과 다른 습성이 두 가지 있었습니다. 그 첫째는 늘 혼자 앉아 있는 것이었고, 둘째는 죽은 자에 대해 궁금해 하는 것이었습니다.

또래의 애들과 놀지 않고, 만날 방안에서 우두커니 앉아 있었습니다. 몸이 허약했고 밖에 나가면 애들에게 얻어맞는 것이 두려워 그랬는지도 모르지만, 하여튼 그러했습니다. 어머니께서는 그런 저를, 어떤 때는 매까지 치시면서 문 밖으로 내쫓곤 하셨는데, 그럴 때마다 문 밖 계단에 또다시 우두커니 앉아있기를 반복했습니다. 여름날 땡볕 아래에서도 그랬습니다. 우두커니 앉아 있으면, 머릿속에서 오만가지 생각 오만가지 상상이 구름처럼 밀려왔다 밀려가곤 했습니다. 생각할 수 있는 것, 상상할 수 있는 것, 그런 것들이 다 스쳐왔다가는 사라졌습니다. 그런 것들을 지켜보면서, 간혹 희죽 웃기도 하고 때로는 눈물짓기도 했습니다.

왜 그랬는지는 모르지만, 저에게는 항상 죽은 사람에 대한 호기심 내지는 궁금증이 있었고, 그 것이 행동으로 이어지곤 했습니다. 행동으로 이어졌다 함은 죽은 사람을 직접 보는 것이었습니다. 초상집에서 그런다는 것은 엄두도 못 낼 일이었으므로, 결국은 밖에서 변사한 시신을 보는 수밖에 없었습니다.

당시의 자살수단은 양잿물을 마시든가, 목을 매든가, 아니면 달리는 열차에 투신하는 철도자살이었습니다. 그 중에서 가장 쉽게 접근할 수 있는 것이 철도 자살한 시신(屍身)이었는데, 그 당시 개성에서는 그러한 시신을 처분하기 전에 의사와 관계 공무원이 검시(檢屍)를 했습니다. 그리고 그러기 전까지, 그것은 한적한 철길 옆 아니면 근처 하천가에 방치됐었습니다. 두려움을 무릅쓰고 혼자서 그 옆에 가기를 몇 번인가 시도한 끝에, 덮인 멍석만 보고 올 때에는 기분이 개운치 않았고, 멍석 틈으로 얼굴의 한 쪽이라도 볼라치면 몸은 사시나무 떨 듯 했으면서도 마음이 후련했습니다. 지금도 또렷하게 그 얼굴 모습이 떠오르는 시신은, 저가 초등학교 4학년이던가 5학년이었을 때 그리고 추운 겨울날, 밭 한 가운데 짚더미 속에서 얼어 죽은 거지의 그것이었습니다. 그런데 모습이 그렇게도 편안했습니다. 여담이지만, 먼 훗날 저가 서울시립대학교의 한 동아리 실에서 목매어 매달려 있는 학생의 검푸른 얼굴을 봤을 때에도 역시 그러했습니다. 그래서 다시 그 한참 후에 자료도 읽고 헤아리기도 하면서 제 나름대로 결론지었습니다. 사람은 숨이 넘어갈 때 고통이 없고 오히려 평화롭다고 …….

죽은 자에 대한 궁금증은 저가 중학교에 입학할 무렵 사라졌습니다. 그러나 이번에는 철이 들면서, 「이 세상은 허(虛)다. 가짜다.」라는 느낌과 「그렇다면 존재란 무엇인가?」라는 의문이 머릿속 깊이에 박혀서 떠나지를 않았습니다. 멍청히 앉아 오만 가지 망상을 그대로 내버려두고 있을 때에도 여전히 그러했습니다.

훗날 성장기를 청산하고 군인 및 교수가 됐을 때에도 그랬습니다. 어느 단체 어느 직장에나 행사와 회의가 있고 그럴 때마다 높은 사람이 으레 긴 말을 하기 마련입니다. 그럴 경우 저는 심식(心識)을 차단하고 예의 「멍청히 앉아 있기」를 했는데, 졸업생만 일어나라는 구령에 졸업생 아닌 저가 벌떡 일어선 적도 있었고, 회의가 끝난 줄도 모르고 앉아 있기를 한 경우는 여러 번 있었습니다.

중학교 3학년 무렵 저는 다른 몇 애들과 함께 학교도서실 관리하는 소임을 맡고는, 문제의 그 느낌과 의문을 해소시킬 수 있는 책을 얻고자 서가들을 샅샅이 뒤졌습니다. 그러나 거기에는 그런 것이 없었습니다. 대신에 그 곳에 있던 문학서적 읽는 재미에 흠뻑 젖었고, 그로 말미암아 훗날 영어영문학과에 지원하기도 했습니다. 1951년 여름부터 1954년 여름까지 김해 육군공병학교에서 복무할 때에도, 혹시나 하고 교회에 열심히 다녔지만 역시 실망했습니다. 당시, 목사님의 설교와 교회 활동에는 그런 것이 없었습니다.

4. 초월(超越)

1975년 2월 24일 저녁 9시경, 서울 영등포구 여의도의 시범아파트 17동 91호 거실. 저는 네모난 보조의자에 멍청히 앉아 쉬고 있었습니다. 역시 온갖 망상이 머릿속에서 일어났다간 스쳐 지나가고 했습니다. 그러기를 얼마나 했을까. 어느 틈엔가 저는 제 몸과 그 주변을 내려다보고 있었습니다 (눈으로 본 것이 아님).

몸은 다음날 고려대학교 학위수여식에서 입을 박사학위 취득자의 복식(服飾)을 걸치고 있었고, 거실에는 때마침 놀러온 우성이라는 아들친구가 아들 방에서 나와 있었습니다. 가족들의 모습은 보이지 않았습니다. 다시 그러기를 얼마나 했는지 모르지만, 갑자기 「이 뭣고」하는 생각이 끼어들면서 저는 몸 안으로 돌아왔습니다.

몸으로부터 빠져나와서, 내 몸과 주변의 존재를 내려다보는 일. 저는 그런 체험을 그 후로 그리고 그 해 초여름 때까지 서너 차례 더 했습니다. 그러면서 그 때마다, 「이 뭣고?」하는 그 방정맞은 생각이 끼어듦과 동시에, 몸 안으로 돌아오곤 했습니다.

다시, 거리에서도 그런 체험을 한 적이 있습니다. 그 해 6월 초순 어느 날의 퇴근시간, 그리고 서울의 청량리로부터 시내 쪽으로 달리고 있는 일반 버스 안. 그 때 그 버스 안에는 승객이 몇 없었고, 저는 왼쪽 창가 일인용 좌석에 앉아 있었었습니다. 역시 멍청하게 쉬고 있는 머릿속을 온갖 망상에 맡겨 놓고 있던 저는, 어느 틈엔가 제 몸과 그 주변을 내려다보고 있었습니다. 창가에 앉아 있는 제 몸과 다른 의자에 앉아 있는 다른 승객들 및 운전기사의 몸 …….

그러다가 어느새, 허공에 있으면서 아래 세상을 내려다보고 있었습니다. 달리고 있는 버스의 지붕들, 그 일대의 교통상황, 양쪽인도, 인도에 접한 건물들 ……. 그러던 찰나에 또다시 예의 「이 뭣고?」하는 생각과 함께 제 몸 안으로 돌아왔는데, 그 버스는 어느덧 신설동 가까이까지 와 있었습니다.

몸으로부터 빠져나와 있었을 때, 저는 「나」라는 생각과 일체의 느낌이 없었습니다. 버스 안에 있는 제 몸과 남의 몸 사이에 어떠한 구별도 없었습니다. 그뿐 아니라 하계(下界)의 인간과 자동차와 건물을 포함한 모든 것들이 완전히 동등했습니다. 그러면서 한없이 고요하고 편안했습니다. 차원이 달랐습니다. 그때 그 초월상태에서, 마음과 일체의 느낌이 소멸(消滅)된 그 편안함은 건방지지만 우리네 3차원 세계의 언어로는 표현할 길이 없습니다. 구태여 그 방향의 언어로 나타내자면 적멸위락(寂滅爲樂)이라고나 할까. 정말로 신비스러웠습니다. 그러면서, 아 그 때 그 방정맞은 「이 뭣고?」라는 생각만 끼어들지 않았더라면, 하는 아쉬움을 간직하게 됐습니다.

그런데 그런 일들이 있기 전까지, 저는 그것에 못 미치는 그러면서도 신비스런 체험을 간혹 하곤 했습니다. 어릴 때였습니다만, 이를테면 실내 한 구석 삼각형 물품보관함 위에 결가부좌(結跏趺坐)하고 있는 제 모습을 본 일도 있었고, 저를 부르는 유령의 소리를 들은 적도 있었습니다.

5. 고찰(考察)

입적하신 숭산스님(崇山, 1927~2004)의 깨달음과 관련하여, 언젠가 이런 신문기사를 읽은 적이 있습니다. 「기도 100일째, 스님은 암자 밖으로 나와 목탁을 두드리며 염불을 하고 있었다. 그 때 갑자기 자신이 몸을 떠나서 무한한 공간에 있음을 느꼈다. 뿐만 아니라 저 먼 곳으로부터 들려오는 목탁소리와 자기 음성도 들을 수 있었다. 잠시 그 상태에 머물러 있었다. 그 같은 체험을 한 뒤 스님은 다음과 같은 오도송(悟道頌)을 읊었다. 생략.」(2004.12.8. 현대불교신문)

저는 제 그 체험이, 말나식(末那識)이 지워지면서 나타났던 것으로 이해하고 있습니다. 훗날 다시 명상 중에 그런 계시를 받은 바가 있습니다. 그리고 제 몸을 포함한 아래 세상을 내려다 본 그 주체가 바로 진아(眞我)였던 것으로, 또한 이해하고 있습니다. 왜냐하면 우리는 항상 진아 인데, 그것을 가리고 있는 말나식 또는 에고(ego)로 인해서 알지 못할 뿐이라는 가르침이 있기 때문입니다.

저는 그때 스스로가 진아였음을 알아차리지 못했습니다. 몸 안으로 돌아오기 전에는 당연히 그랬고, 돌아온 후로도 그랬습니다. 명상이 무엇인지도 몰랐으니 경전이나 어록을 읽었을 리 만무했고, 스승이나 도반도 없었고 한 그런 처지였으므로, 그럴 수밖에 없었습니다. 게다가 신비스런 그 체험에 압도되고 만족한 나머지 알려고도 안했습니다.

하지만 그것은 진아의 식(識)으로 사바세계를 내려다 본 것일 뿐, 진아로 복귀한 그런 체험은 아니었습니다. 주제 넘는 말씀입니다만, 그런 체험은 2012년 저가 만 81세 무렵 때 부산안국선원에서 겪은 그것이 아니었나 싶습니다.

어쨌거나 두 체험과 라마나 마하르쉬 가르침으로 미루어 볼 때, 진아(眞我)란 환(幻)인 「나」와 세계와 생사가 소멸된 그리고 시공(時空)이 없는 유일 신비의 실재(實在)이고(常), 신비의 순수 의식이고(識), 신비의 지복이고(樂) ……, 그런 것이 아닌가 싶습니다. (억지 언어로 나타내다 보니 그렇게 밖에 표현을 못하겠습니다.) 그리고 누구나가 다 진아인데, 인간은 그것을 모르고 (마음에 속

아) 몸을 「나」라 착각하는 데서 모든 불행이 시작된다는 마하르쉬 말씀에 확고한 믿음이 갑니다.

그것은 그렇고 감히 추측하건대, 숭산 스님께서는 그 후의 수행을 거쳐 보다 더 높은 차원에 이르셨지 싶습니다.

다음의 주제로 넘어가서, 예의 「멍청히 앉아있기」는 한 가지 화두에 정신집중 하는 간화선(看話禪)과는 사뭇 다릅니다. 제 경우, 비록 그 밑바닥에 「존재란 무엇인가?」라는 의문이 늘 잠재해 있었다고 해도 그렇습니다. 그것과 관련하여 마하무드라의 송(訟)에 이런 구절이 있습니다.

「…… 마하무드라는 무엇에도 의존하지 않고 힘들이지 않고 다만 느긋하게 그대로 있음으로써, 사람이 멍에를 끊고 마침내 해방을 성취케 하노라. ………. 하늘을 떠도는 구름은 뿌리도 집도 없다. 마음을 떠돌다 스쳐가는 갖가지의 잡념들도 또한 그러하다. ……」

확대 해석하면, 떠도는 구름 사이로 잠시나마 푸른 하늘이 나타나듯이, 머릿속 또는 마음속에서 일어났다 사라졌다 하는 온갖 잡념 사이에도 잠시나마 그 것이 끊어지는 무심(無心)의 경계가 나타날 수 있다는 해석이 가능합니다. 그리고 그러한 방심형(放心形?) 명상은, 마음을 없애기 위하여 우선 그것을 한 가지 화두에 집중시키라는 간화선의 가르침과는 사뭇 다르다는 말씀입니다.

그런데 그 후 문헌을 읽고 저가 내린 결론은, 방심형 명상이 아니라 마음관법(觀心法) 이었습니다. 마음이 만들어내는 온갖 잡념 또는 망상을 내버려둔 채, 그것을 한발 떨어져 지켜보는 그런 수행법이 티베트 밀교(密敎)에 있었습니다.

저는 그런 행을, 누가 시켜서 또는 스스로 뜻이 있어서 한 것이 아닙니다. 불자(佛子)도 아니었고 명상이 무엇인지도 몰랐고 한 그런 상태에서, (헤아리건대) 오직 전생으로부터 이어진 습(習)으로 한 것입니다. 틈만 나면 저도 모르게 했는데, 엄청나게 빠져 들곤 했습니다. 돌이켜 보니, 하고자 하는 생각 없이 한 그것이, 바로 금강경(金剛經)에서 강조하는 「머무는 마음 없이」하라는 그런 수행이지 않았나 싶습니다. 즉 하고자 하는 생각 없이, 마음보는 행을 지속했던 것입니다(無所住而觀其心).

저는 그 체험에 만족했습니다. 이 세상이 환(幻)이라는 것을 확인 했고, 죽음에 대한 두려움을 극복했고, 잔잔한 마음의 평화를 간직하게 됐고 해서 말입니다. 그러면서 더 이상의 명상을 접었습니다. 그런데 ……, 그 후 불교에 귀의하고 경전과 어록들을 공부하면서 부터는, 늘 안타까움과 아쉬움이 마음속에서 가시지를 않았습니다. 아, 그 때 내가 제대로 된 수행을 다시 시작했더라면 하는 그런 안타까움과 아쉬움 ……. 그 때의 그 체험은, 실인즉 수행자들이 견성(見性) 전에 겪는 하나의 통과사례로 생각됐기 때문입니다.

끝으로 제 어릴 적의 기이한 행태와 경험에 대해서는, 그것이 저의 전생(前生)과 관련이 있었던 것으로 여기고 있습니다. 저는 전생에 한 수행자였는데 그 때의 습(習, 버릇)이 이어졌고, 그 때의 모습이 환(幻)으로 보였던 것입니다. 심령과학자 스티븐슨(Stevenson)은 20건의 환생자(還生者) 삶을 추적했는데, 모든 환생자가 유년기에는 전생에 대한 기억과 전생으로부터 이어진 습이 강했지만, 성장해감에 따라 차츰 소멸 됐음을 밝힌 바 있습니다.

6. 그 후의 삶

그 일이 있었던 후로, 저는 모든 것을 잊은 채 서울시립대학교에 갓 창설된 환경공학과를 제대로 발족시키고 발전시키는 일에 온 몸을 던졌습니다. 혼자에게 맡겨진 일인지라 할 일이 태산 같았는데, 안 되는 일이 너무나 많았습니다. 그 외에도, 강의와 행사참여와 여타의 일들 ……. 봄가을로 보약을 먹어가며 그리고 허구 헌 날을 연구실에서 지새우며, 온 몸을 던져 일했습니다. (그 학과와 역시 저가 동료들과 함께 힘을 모아 창설한 대한환경공학회는, 그 후 여러 교수들의 헌신적 노력으로 만족할만한 수준의 발전을 이룩했습니다.)

그런데, 마치 지진 후에 여진이 있듯이 그리고 자주는 아니더라도 간혹, 그 초월경험에 못 미치는 그러면서도 신비스러운 경계를 체험하곤 했습니다. 존재가 아닌 그러면서 존재 아닌 것도 아닌 그러한 경계를…….

그런 일과 무관하지 않게 그리고 인연이 닿아서, 저는 1979년에 어느 한 분으로부터 하타 요가(hatha yoga)를 배웠습니다. 결가부좌(結跏趺坐)에서 시작하는 그리고 호흡과 자세와 (자극에 대한) 정신집중을 일치시키는, 삼위일체의 심신수련(心身修鍊)을 매일 새벽 1시간 반씩 2년 넘게 했습니다. (그 후로는 지금껏 혼자 해 오고 있습니다.) 하타 요가 다음으로 심령(心靈)계발을 목표로 쿤다리니 요가(kundalni yoga)도 배우고자 했으나, 원력(願力)이 약했음인지 그 수행은 뜻을 이루지 못했습니다.

회상하건대 그 요가 수련은, 마치 대학 교과과정의 선수과목(先修科目)과도 같이, 그 뒤의 명상수행을 비교적 순조롭게 만든 그런 역할을 한 것으로 여겨집니다. 인도의 전통 하타 요가에서는, 몸과 마음의 수련을 통하여 영혼의 진보 내지는 범천(梵天)과의 합일을 시도하는 것으로 알려져 있습니다. 물론 그렇게까지는 어림없었지만 서도, 그 수련이 제 몸과 마음을 명상수행 형으로 변화시켰음은 의심의 여지가 없지 싶습니다.

불교와의 만남은, 1986년 제 나이 만 55세 때 비로소 실현됐습니다. 그 해 처음으로 사찰(寺刹)수련회에 동참했는데, 그 것은 당시 전라남도 송광사(松廣寺)에서 법정스님(法頂, 1932~2010) 주관 하에 진행됐던 4박5일간의 출가수행이었습니다. 아침예불과 108배 · 좌선 · 발우공양 · 울력 · 법문 · 좌선 · 발우공양 · 법문 · 좌선 · 발우공양 · 저녁예불과 108배 · 좌선……. 마지막 날 밤샘 용맹정진과 1080배 등의 내용이었는데, 저는 그 곳에서 깊고 잔잔한 감동을 느꼈습니다.

깊은 바다 밑의 진주! 썩은 못 위로 피어난 한 송이 연꽃! 한국불교는 그 오지에 건재(健在)하고 있었습니다. 그리하여 저는 그곳에서 계를 받았고, 해마다 여름철 또는 겨울철이면 조계종의 삼보종찰(三寶宗刹 : 송광사 · 해인사 · 통도사)과 다른 대찰(大刹)의 수련회에 동참했고, 여러 법회에도 참석했습니다. 1080배와 3000배도 익숙하게 해내고 하는 동안에, 차츰 마음의 고향 그리고 어쩌면 전생의 고향으로 다가가고 있음을 느끼곤 했습니다.

그리고 퇴직 후 공부해본즉슨, 저가 그때껏 기나긴 세월을 찾아 헤매던 그 진리는 고스란히 경전 속에 들어 있었습니다. 반야심경 · 금강경 · 육조단경 · 능엄경 · 대승기신론 · 유식30송 · 법성게 · 화엄경의 부분들 등, 그리고 어록들 …….

1996년 퇴직 후로, 저는 줄곧 명상수행을 해오고 있습니다. 2002년부터는 서울시내의 사찰 선방에서 10년 넘게 간화선(看話禪) 수행을 하고 있습니다. 얼마 전까지, 두 번째 사찰에서 한 달에 20일 정도 그리고 하루에 서너 시간을 좌복 위에 앉아 지냈습니다. 그것에 관해서는 「내가 행한 주력선과 간화선」을 읽으시기 바랍니다.

나가면서

저는 만 44세 무렵에 초보적인 초월을 체험했습니다. 그 후로, 이 세상은 마음이 만들어 낸 환(幻)이라는 것과, 오직 마음이 있을 때에만 「나」가 그 환속에 존재한다고 믿게 됐습니다. 저는 영적 계발 또는 영적 수행이 무엇인지도 모르는 상태에서 명상을 했는데, 다만 성장기의 여러 경향으로 미루어 전생에 한 수행자였으며 그 연장선에서 그러한 행을 했던 것으로 믿고 있습니다. 그러면서 그때 얻은 체험에 만족한 나머지, 그 후로 명상을 접었던 무지(無知)를 지금도 아쉽게 여기고 있습니다.

그런데 이제 와서 되 생각해보니, 저를 수행의 길로 밀어 넣는 그 어떤 힘이 있었습니다. 성장기 때부터 노년에 이르기까지, 그 힘이 생애의 고비마다에서 저를 수행의 길로 밀어 넣곤 했습니다. 1996년 만 65세 퇴직 후로, 다시 그리고 본격적인 수행을 하게 된 것도 그 때문이었습니다. 여래(如來)의 가피 또는 진아(眞我)의 은총이었지 싶습니다.

나무 시아본사 석가모니부처님.

서기 2015년 6월 10일
서울은평구진관동의 내 거처에서
재가사문 德山 金東玟 합장

내가 행한 주력선(呪力禪)과 간화선(看話禪)

들어가면서

나는, 2002년 4월 초부터 2005년 6월 말까지, 서울 성북동에 있는 길상사 선원(吉祥寺 禪院)에 다녔다. 그리고 그 후로는, 지금껏 서울 삼성동에 있는 봉은사(奉恩寺) 선원엘 다니고 있다. 퇴직 후 줄곧 집에서 좌선(坐禪)을 했었는데 정신집중이 되지 않아, 가까운 선배교수께서 수행하고 계시던 그 길상사 선원에 간 것이 시작이 됐다.

「존재란 무엇인가?」
「죽음이란 무엇인가? 그리고 그 너머에는 무엇이 있는가?」

자라면서 그리고 살면서 누구나가 다 이런 의문을 품겠지만,

내 경우에는 그것이 좀 지나쳤던 것 같다. 늘 혼자서 골똘히 생각하곤 했다. 그러던 중 중년이던 1975년 45세 때에, 신비스러운 초월경험을 했다. 「나」가 사라지면서, 내 몸과 남의 몸과 그 주변, 그리고 아래세상과 아래세상의 활동을 본 것이다. 너 댓 번에 걸쳐서 그리고 허공에 있으면서 …….

그런 일이 있기 전에, 나는 태생적으로 육식을 못했고, 역시 전생으로부터의 습(習)이라고 밖에는 설명할 길이 없는 계율적 삶을 살았고, 나름대로 인고(忍苦)의 업장소멸(業障消滅) 과정이 있었고 했는데, 그때까지 나는 불자가 아니었고 선(禪) 또는 명상이 무엇인지도 모르면서 그 짓을 했다. 그런데 퇴직 후 본격적으로 명상을 하던 어느 날 오후, 그 경험이 말나식(末那識)의 초월이라는 계시를 받은 바가 있다. 그리고 문헌공부를 하며, 그 위 아뢰야식(阿賴耶識)의 작용으로 몸인 「나」와 「세계」가 사바에 함께 나타난다 는 가르침을 믿게 됐다.

그 경험 후로, 나는 명상을 중단한 채 직장인 서울시립대학교 환경공학과에서 교수직 수행하는 일에 온 몸을 바쳤다. 그러다가 1996년 퇴직과 동시에 그 향수가 되살아 나, 다시 선 수행을 하게 된 것이다.

스승 없이 혼자서 수행하다 보니 시행착오가 많았다. 게다가 너무 늦은 나이에 시작했고, 필수조건인 바라밀다수행 전반부의 실천도 부족했고 해서, 뒤에 적는 그 체험을 하는 데에 10년이란 긴 세월이 소요됐다. 그래도 죽음 전에 그런 고마운 체험을 할 수 있었던 것은, 부처님 가피 (또는 眞我의 은총)에 더하여, 앞에 적은 그 경험이 있기 까지 금생과 전생에서 해온 수행 덕이 아닌가 여기고 있다. 그러면서 그간의 수행방법과 체험한 경계(境界)등을 되짚어 점검하며 도반들의 가르침을 받고 반성도 하면서, 다시 이제부터의 수행을 준비하고자 이 글을 쓰고 있다. 한편, 선 수행을 시작하는 초보자들에게 내 경험이 다소나마 참고가 됐으면 하는 바람도 있다.

1. 주력(呪力) 수행

길상사 선원은, 경내에서도 비교적 한적한 곳에 자리하고 있다. 소박한 건물의 그 방에 30명 정도가 앉을 수 있었는데, 당시는 예닐곱 명의 우바새 도반(道伴)과 여남은 명의 우바이 도반들이 다니고 있었다. 50분 좌선에 10분 경행, 들고 나는 시간 지키기, 묵언(默言), 정돈 등의 규칙 외에는 일체의 간섭이 없었다. (그런 면은 봉은사도 같다.) 선원장이 계셨지만 함께 좌선하는 경우는 드물었다.

그곳에서, 첫 해에는 한 달에 10일 정도 그리고 하루 2시간 내지 4시간을, 다음 해부터는 한 달에 15일 내지 20일 정도 그리고 하루 3시간 내지 4시간을 앉아 지냈다. 가부좌를 틀고 앉아 「옴마니반메훔」의 여섯 글자 진언(眞言)을 외우는 주력수행을 했는데 그것은 여러 달 후부터의 일이었고, 처음에는 우선 눈 감고 저녁노을 이미지만을 관하는 관법(觀法) 훈련을 했다. 어느 정도 정신집중이 되자, 다음 단계인 염법(念法)의 방편을 찾아 이것저것을 해보며 헤맸는데, 「옴마니반메훔」을 외우는 주력수행이 가장 잘 맞는 것으로 느껴져 그것을 택했다. 이 모두를 스승 없이 선지식들 어록에 의지해서 나 혼자 결정했는데, 어록 중에서는 법기 강정진 거사님(法起 姜丁鎭, 1934~) 것에 크게 의존했다.

내 딴에는 열심히 했다. 일단 산문(山門)에 든 후에는 나올 때까지 묵언을 지키면서 도반들과의 대화마저 피했고, 길에서도 집에서도 그 여섯 글자 진언을 외었다. 주력수행은 순조로웠다. 그 기간에 체험한 것들을 간추리면 아래와 같다.

• 2002년 8월 어느 날 오전의 정오 가까운 시간. 좌선 중에 몸과 마음이 분해되고 사라지는 듯한 느낌을 체험했다. 그러면서 비록 순간적이었지만 엄청나게 편안했다.

• 2003년 5월부터 3개월 이상, 이유 없이 체력이 쇠퇴하면서 1 km 정도의 보행조차 힘겨워졌다. 그 정도의 거리마저 쉬고 쉬면서 걸었다. 그에 걸맞게 기력도 빠졌다. 그리하여, 선원 다니

기를 3 개월간 쉬었다.

• 그 위기를 극복한 후부터는, 마치 빨려 들어가듯 정신집중되는 현상이 잦아졌다. 2005년 5월 무렵부터는, 귀가 길에서 집에서 그리고 잠든 후에도, 「옴마니반메훔」의 주문이 머릿속에서 이어졌다.

체력쇠퇴와 관련하여, 터가 세기 때문에 그랬던 것으로 처음에는 생각했다. 길상사는, 아시다시피 1995년 사찰로 바뀌기 전까지, 「대원각」이라는 이름의 요정(料亭)이었다. 수많은 소와 기타의 짐승들이 시체 조각이 되어 게걸스러운 인간들에게 「요리」라는 이름으로 잡아먹힌, 그런 그들의 원혼(冤魂)이 서린 곳이다. 그래서 내가 그들에게 당한 것으로 생각했었다.

그러나, 우리시대의 마지막 성인 라마나 마하르쉬(Ramana Maharshi, A.D.1879~1950)의 어록을 읽고는 그것이 명상초기에 나타날 수 있는 정상적인 현상임을 알았다. 수행이 제 궤도에 진입했음을 알고 반기는 한편으로, 그 가르침대로 호흡을 하며 체력과 기력을 회복했다.

「옴마니반메훔」의 주문이 자나 깨나 머릿속에서 고삐 풀린 듯 이어진 그러면서도 잠자는 것마저를 포함한 일상사(日常事)

에 전혀 지장이 없었던 그 일에 관하여서는, 그것이 오매일여(寤寐一如)라고 알아 차렸다. 그런데 ……, 그것이 여러 날이 지나도록 그대로여서 어떻게 해야 할지 내심으로 걱정스러워졌다. 그래서 다시 법기거사님의 어록(語錄)을 뒤져 읽고, 염법의 다음 단계인 의심법(疑心法)으로 갈아타고자 마음먹은 후, 「나는 누구인가?」라는 화두(話頭)를 들기 시작했다.

그랬더니 ……, 실망스럽게도 선수행이 원점으로 되돌아갔다. 오매일여의 그 경계가 사라지고, 간화선 수행의 초보자가 돼버렸다. 「나는 누구인가?」를 힘겹게 외면서 의심하면서 정신집중하는 초보수행자가 돼버렸다. 아 …… ! 얼마나 정진하고 노력하고 해서 얻은 오매일여였던가.

이제 와서 헤아리건대, 그 갈아타기는 그릇된 결심이었다. 주력수행을 끝까지 밀고 나갔어야했다. 그 주력의 가피(加被)를 받으면서 끝까지 갔어야했다. 대한불교 진각종(眞覺宗)의 창시자이신 회당 손규상 대종사(悔堂,孫珪祥 1902~1963)께서도, 일찍이 「옴마니반메훔」의 그 주력수행만으로 견성하지 않으셨던가.

2. 간화선(看話禪) 수행

2-1. 봉은사에서의 수행

그런 일이 있은 후, 수행도량을 봉은사로 옮겼다. 이 대형 사찰은 혼잡한 도심 속에 있고, 늘 수백 명 또는 천명이 넘는 사람들로 북적거리지만, 선원(禪院)만큼은 적막감을 느낄 정도로 한적하다. 넓은 경내 산자락 한 구석의 정원 속에 자리한 그 건물에는, 여타의 방들과 함께 50명이 편안이 앉을 수 있는 넓은 선방이 있다. 선원장 스님도 상주(常住)하고 계신 그곳에서, 이삼십 명의 우바이 도반 그리고 너더댓 명의 우바새 도반들과 함께 줄곧 간화선 수행을 해 왔다. 2005년 여름부터 한 달에 20일 정도 그리고 낮에 2시간 내지 4시간 씩 ……. (요즘은 여러 사정으로 그렇게까지 못하고 있다.) 계속해서, 「나는 누구인가?」라는 그 화두를 들었다. 역시 열심히 해 온 것으로 여기고 있는데, 그 간에 체험한 것들을 또 간추리면 아래와 같다.

• 2005년의 늦가을부터 정신집중이 그 전보다 더 잘 됐는데, 봉은사로부터 양천구 목동에 있는 내 집으로 돌아갈 때까지 그리고 도착한 후 에도, 아무런 노력 없이 오직 화두만이 머릿속에서 지속적으로 돌아가는, 그런 체험을 했다. 깊은 잠재의식

속에서 걱정이 일 정도로 생각하는 모든 장치가 멎고 그러면서도 모든 행동이 차질 없이 진행되는, 그런 신기한 체험을 한동안 했다. 그리고선, 아 이런 것이 바로 직관(直觀)이구나 하고 알아 차렸다.

• 그런 일이 있은 후, 빈번하게 무기(無記)가 왔다. 좌선 하면서 모든 생각이 사라지고, 생각하는 장치마저 작동이 안 되고, 화두마저 들어지지가 않는 그런 무력한 상태. 그 상황을 돌파하려 애 썼으나 늘 실패 했다.

• 2006년 여름부터 또 하나의 나가 좌선하고 있는 「나」를 위에서 내려다보고 있는, 그런 경계를 체험했다. 「나는 누구인가?」라는 화두를 지키는 일에 혼란이 생겼다. 그래서 「너는 누구인가?」라고 되묻기도 했는데, 한 달 정도 지나면서 그것이 사라졌다.

• 2007년 추석 전 날의 늦은 오후, 부처님의 입상(立像) 이미지를 선명하게 봤다. 좌선하던 중 양미간(兩眉間)에 그런 이미지를 봤는데, 마치 결혼식장 안 중앙 전면의 주례 단 같은 곳에 탁자 없이 서 계셨다. 얼굴은 좀 흐릿했다. 불상 또는 보살상의 이미지를 보는 일은 그 후에도 몇 번 더 있었다.

• 언제부터인지 모르게 그리고 명상이 잘 될 때, 왼쪽이 아닌 오른쪽 가슴에서 심장이 뛰는 것을 느꼈다. 손으로 짚어 봐도 그랬다.

• 2007년 12월 24일 오후 4시경, 화두가 내 머릿속에서 빠르게 뭉치고 있음을 느꼈다. 더 나아가, 알 수 없는 힘이 모든 생각을 내 몰면서, 머릿속을 마치 (화두의) 콘크리트처럼 굳히고 있었다. 얼마나 지났을까. 점차로 더 힘을 받으며 앞으로 나아가고 있었는데 ……, 누군가가 지속적으로 내 어깨를 흔들고 있음을 감지했다. 그리고선 원점으로 되돌아 왔다.

그 후, 그런 의심덩어리의 형성을 한 번 더 체험했다. 이번에는 방해 받지 않으려 자리를 탈의실로 옮겼는데 아쉽게도, 한 시간도 채 못돼 그 힘이 약해지면서 사라지고 말았다.

• 2008년 2월 15일 오후 한때, 정말로 백천(百千)의 해와 달 같은 밝음을 찰나지만 머리 위에 봤다.

• 2008년 12월 어느 날의 오후, 역시 가슴 속이 뭐라 말할 수 없이 엄청나게 후련함을 느꼈다.

오른쪽 가슴에서 심장이 뛰던 것과 관련하여, 라마나 마하르쉬께서 이르기를 육신의 심장은 왼쪽에 있지만 진아(眞我)의 심장은 오른쪽에 있으며, 바로 그곳으로부터 「나」와 「세계」가 나타난다고 하셨다 (진아의 심장은 염통이 아님). 나는 그 후로도, 명상하면서 그것을 느끼곤 했다.

화두가 콘크리트처럼 굳혀지던 것과 관련하여, 대한불교조계종의 간화선 교과서는 그것을 의단(疑團)이라 정의하고 있다. 그러면서 의단이 지속되고 힘을 더 받으면 확철대오(廓徹大悟, 見性과 같은 뜻)의 문이 열린다고 말한다.

참으로 아쉽고 한스러웠다. 내 주제에 감히 대오를 넘볼 수는 없지만, 그래도 참으로 아쉬웠다. 억겁(億劫)은 아니더라도 그 기나긴 기간을 윤회의 덫에 걸리고 헤매고 하면서 여기까지 왔는데, 금생에도 그 사슬에서 벗어나지를 못하게 되다니 ……. 그러나 누구를 원망하리오. 수행을 게을리 했고, 그리하여 시절인연이 닿지 않아 그리 된 것을 ……. (나를 흔든 이는, 피자를 먹자고 그랬었다. 그때 다각실〔茶角室〕에서 대중이 피자를 먹고 있었는데, 나만 안 오기에 데리러 왔던 것이다.)

2-2. 부산안국선원에서 있었던 일

2012년 1월 3일부터 1월 9일까지, 나는 부산시금정구남산동 산자락에 있는 부산안국선원에서 6박7일간의 용맹정진(勇猛精

進)을 했다. 젊은 교수불자들 40명 그리고 그보다 적은 수의 대학생들과 함께 하는 정진이었다. 넓은 방에서, 참지 못하면 앉은 채로 눈을 붙이고 배고프면 공양간에 가서 먹고 하면서, 7일간의 밤낮 동안을 좌선하는 그런 정진이었다.

선원장스님께서 대중에게 주신 화두는, 「이 검지 움직이는 것이 마음인가 검지인가?」였다. 검지를 엄지손가락 밑에 넣었다가 튕기는 모습을 보이면서, 그 화두를 탐구하라 하셨다. 나는 그것을 줄여서 「마음인가 검지인가?」하고 외었다.

엄청나게 정신집중이 잘 됐다. 그렇게 집중이 되기는 난생 처음이었다. 첫날 오후 3신가 4시부터 좌선을 시작했는데, 그 날 밤은 3시간만 잤다. 그러면서 탐구에 몰입했는데, 그 화두는 정말로 활구(活句) 였다. 그리하여, 다음날 오후 1시부터 5시 반 동안에 드디어 한 경계를 체험했다. 아직까지 와는 전혀 다른 …….

• 오랜 시간 가슴이 답답했다. 막힌 것과도 같고, 아프지는 않았지만 쥐어뜯는 것과도 같은 그런 답답함 …….

• 어느 새 화두가 저절로 굴러가더니, 점차로 더 세졌고 빨라졌다. 그 힘은 나중에 엄청나게 커졌다.

• 마치 깃털처럼 몸이 가벼워졌고, 무게가 없어진 것처럼 또는 몸이 사라진 것처럼 느껴졌다. 그와 동시에, 그 전날 서울에서 새벽에 일어나 부산 거기까지 갔고 그 후로 줄곧 가부좌를 틀고 앉아 밤샘했고 하면서 누적된 그 피로가 거짓말처럼 사라졌다. 그리고는, 한 없이 편안해졌다.

• 얼굴 속에 온기(溫氣)가 일면서 강한 빛이 생겼다. 그러면서, 안팎이 눈부시게 밝아졌다. 너무나 밝아서 한동안 눈을 꼭 감고 있었지만 소용없었다. 살며시 주변을 봤는데, 육안으로 본 주변은 그렇지 않았다. 눈을 감으니 또다시 엄청난 광휘(光輝)의 빛뿐이고 ……. 얼굴을 녹일 듯이 강하고 밝았지만 기실 눈부심이 없는 그러면서 한 없이 편안한, 그 뭐라고 나타낼 수 없는 빛 …….

• 얼마나 지났는지 모르지만, 머리가 엄청나게 맑아졌고 그 어떠한 얽힘도 어떠한 모습도 꿰뚫어 볼 수 있을 것 같이 명철(明哲)해졌다. 한없이 맑고 명철하고 예지(叡智)가 서리고 그러면서 그 어떠한 것도 무너트릴 수 있을 것 같은 힘 …….

• 안에서 힘이 솟구치고 있었다. 화두는 여전히 굴러가고 있었지만 이미 내 것이 아니었다. 저만치 내버려진 채로 혼자 굴

러가고 있었다.

그러던 찰나에 한기를 느끼며 원점(몸)으로 돌아왔다. (나는 추위에 약하다.) 주변에는 아무도 없었고, 문을 활짝 열어 놓은 채 소임 맡은 우바이들이 청소를 하고 있었다. 아! 조금만 더 여유가 있었더라면 ……, 하는 그 아쉬움을 다시 간직하게 됐다. 그러나 그 체험의 여운은 지금껏 생생하게 남아있다.

다음날 수행점검을 받는 시간에 내가 체험한 경계를 쪽지에 적어 아뢰었더니, 스님은 결과에 대해서는 가타부타 말씀이 없으셨고 다만 올라간 그 과정은 맞다 하셨다. 그러면서 처음부터 다시 해 보라 이르셨다. 그리하여, 같은 화두를 탐구하는 용맹정진에 또다시 들어갔는데 ……, 도무지 진전이 없었다. (내 경험으로는, 한번 체험한 경계는 다시 되풀이 되지 않는다. 의도적일 때에는 더군다나 그렇다.)

그러다가 셋째 날이던가 넷째 날이던가, 이번에는 마구니 및 마군(魔軍)과 대적하게 됐다.

• 명상하는 내 앞을 그들이 무지막지하게 큰 컨테이너 트럭으로 막았다. 컨테이너 뒷문 짝의 자물쇠 역시 무지막지했다.

• 기괴한 얼굴모습의, 도깨비 같기도 하고 도깨비 아닌 것 같기도 한, 괴물들이 내 면전에서 마치 게릴라처럼 이리 나타났다가 저리 나타났다가 했다.

• 엄청난 수의 보병들이 끝도 없이 내 앞까지 와서는 사라지고 했다. 내가 걸친 것과 똑같은 허름한 수행복을 입고 있었는데, 앞까지 다가온 무리들의 얼굴을 보니 하나같이 눈 코 입이 없었다.

나는 화두를 들며 꼼짝 않고 그들을 대했다. 그러기를 다시 얼마나 했을까. 누가 먼저였는지는 모르지만, 그들은 사라졌고 나는 주저앉았다. 또다시 원점으로 돌아 온 것이다. 기운이 송두리째 뽑혀 아무 것도 할 수 없었다. 졌다. 그런데 ……, 다음날 스님께 여쭈었더니, 그게 아니라 내가 이긴 것이란다. 이겼기에 그들이 사라진 것이란다. 한데, 이긴 것 치고는 너무나 지쳐 있었다.

나는 마구니 및 마군 만나기 전의 그 체험이 무엇인지 모른다. 그러면서도 그것이, 「나」와 「세계」를 나타나게 했던 그 식(識)이 꺼지고 환(幻)의 차원이 소멸되고 하면서, 마침내 유위법(有爲法)을 벗어나 잠시 내 자성(自性)을 체험한 것이 아닌가, 라는 생각을 조심스럽게 하고 있다. (주제넘고 분수를 넘고 하지만 서도 말이다.) 까닭인즉슨, 황공하게도 라마나 마하르쉬 어록의 그 부분과 부합되기 때문이다. (大晟스님 책의 제199쪽 참조)

그러나, 거기서 더 들어가고 한참을 더 있고 하지 못했던 것이 못내 아쉬운 한편으로, 그때 얻은 지복의 체험과 감동을 지금껏 소중하게 간직하고 있다. 사슬에 묶여, 이 순간까지 얼마나 고된 윤회를 거듭해 왔던가!

그런데, 나는 그 신비스러운 「빛」을 빛이라고 표현 했지만, 사실은 언어로는 나타낼 길이 없는 「그 무엇」이다. 억지로 나타내다 보니 그리 됐을 뿐이다. 머리가 명철해 졌음도 마찬가지다. 노자(老子)께서도 일찍이 도(道)에 관하여 이르기를, 「도를 도라고 말할 수 있다면 (그것은) 도가 아니다」라고 하셨다. (道可道 非常道.)

한편 라마나 마하르쉬께서는 이르기를, 그 「빛」은 「마음을 거슬러 일어나고, 빛과 어둠 둘 다를 초월하고, 진지(眞知)나 무지(無知)를 비추어 주는 진아(眞我)의 빛이고, 진아로서만 드러나는 순수의식(純粹意識)」이라고 하셨다.

나가면서

명상체험 후로, 나는 세존께서 설하신 삼법인(三法印)과 나가르주나(龍樹보살)의 중관론(中觀論)과 라마나 마하르쉬의 진아(眞我) 가르침과 여타 성인들의 말씀을 확고히 믿고 있다. 그러면서 그 체험을, 명상의 끝이 아닌 새로운 시작으로 다짐하고 있다. 왜냐하면, 그것은 구경(究竟)의 체험이 아닐뿐더러, 마음의 습(習) 또한 고스란히 남아있기 때문이다. 고로, 더 그리고 더욱 열심히 정진해야 한다. 확신과 함께하는, 구경을 향한 새로운 정진을 …….

그런데, …… 이제는 전처럼 수행이 안 된다. 안타깝게도 체력과 기력이 많이 쇠했다 (만81세). 그러면서, 아쉽지만 금생에 이 정도로나마 수행할 수 있었던 것을 고맙게 여기고 있다.

나무 시아본사 석가모니부처님
나무 바가반 스리라마나마하르쉬님

서기 2012년 7월 8일
서울양천구목동의 내 거처에서
삼사라를 헤매온 재가사문 德山 金東玟 합장

내가 이해하고 있는 금강경(金剛經)과 그 네 구절 가르침

들어가면서

처음 금강경을 접했을 때, 그것은 정말로 벅찬 감격이었습니다. 만 65세 퇴직을 몇 해 앞 둔 시기였는데, 그때까지 가슴 속 깊이에서 갈구하며 찾아 헤매던 진리가 고스란히 그 안에 담겨 있었던 것입니다. 저는 그 후 법문도 어지간히 듣고 해설서도 어지간히 읽으며, 이해의 폭을 넓혔습니다.

그리고는 이어 명상수행을 해 오며, 외람되지만 전에 듣고 읽고 했던 것과는 좀 다른 제 나름의 이해를 갖게 됐습니다. 그래서 그것을 아래에 적습니다. 독자들께서는, 제 글을 믿지 말고 다만 참고 하면서, 스스로의 명상체험으로 경의 진리를 증득(證得)하시기 바랍니다.

1. 경의 제목에 관하여

금강경의 완전한 명칭은 금강반야바라밀다경(金剛般若波羅密多經)입니다. 금강(金剛)은, 무엇으로도 깨지지 않는 그러면서 다른 어떠한 것도 깰 수 있는 견고함의 극치(極致)를 뜻합니다. 반야(般若)는 범어(梵語)인 pra jnana를 중국 발음의 한자(漢字)로 옮긴 음역문자로, 머묾 없는 진아지(眞我知) 또는 깨달음을 향한 쉼 없는 전진을 뜻합니다. 바라밀다(波羅密多)도 역시 음역한자로, 고(苦)의 세계를 건너 그것이 없는 피안에 이름(到彼岸)을 뜻합니다. 경(經)은 성인(聖人)의 가르침을 적은 것입니다. 낱말들을 잇고 바로잡으면, 「고의 세계를 건너 머묾 없이 진아를 깨닫게 하는 금강의 가르침」이 되겠습니다.

고로, 금강경은 철저하게 깨달음을 가르치는 경입니다. 불교의 목적은 행복추구가 아닙니다. 행복은 추구나 취득의 대상이 될 수 없습니다. 왜냐하면, 그것은 이미 있는 것이기 때문입니다. 우리의 자성(自性)이 지복(至福) 그 자체이기 때문입니다. 다만 우리가 지금 사바세계에서 그렇게 못 느끼는 까닭은, 가짜이고 환(幻)인 「나」에 속고 있기 때문입니다. 온갖 고(苦)는, 「나」라는 생각을 지우는 순간, 함께 사라지고 그 자리에 지복이 나타납니다. 본디의 우리인 자성 또는 진아를 깨닫는 순간, 그렇게 됩니다. 바로 그것이 깨달아야 할 이유입니다.

그러한 수행 수준에 이르지 못하더라도, 탐심(貪心)과 짐심(嗔心)과 치심(痴心) 등 온갖 자기중심의 이기적 번뇌를 줄이면 그만큼 고(苦)가 사라지고 행복이 보입니다. 지나친 욕심, 증오하는 마음, 슬기롭지 못한 마음 등이 일어나는 것을 억제하면 그만큼 그리 됩니다. 한편, 진아의 청정한 힘이 진인(眞人)을 통해 발산되고, 구도자의 바라밀다 행(行)과 교화된 선남녀(善男女)의 선행(善行)이 사회악을 멸(滅)하므로, 진인과 구도자와 선남녀들이 많을수록 이 사바세계는 정화되어 행복해 집니다.

2. 네 구절 가르침(四句偈)에 관하여

금강경에는, 그 가르침의 핵심을 적은 네 구절 가르침이 네 번 나옵니다. 이 가르침을 남에게 알리고 이해시켜 주는 행위가, 삼천대천세계(三千大天世界)를 가득 채울 만큼의 보물을 베푸는 것보다, 더 공덕이 있다고 제8장에 적혀 있습니다. 그리고 그 뒤로도, 비슷한 비유로 거듭 강조되고 있습니다. 삼천대천세계란 우리의 사바세계는 그 티끌에 불과한, 소세계의 천배(소천세계)의 천배(중천세계)의 천배(대천세계)인즉슨, 얼마나 그 중요성이 강조됐는지 가히 짐작할 만합니다. 금강경은 합계 32개의 짧은 장(章)으로 구성돼 있는데, 제5 제10 제26 제32장에 각각 이들 네 구절 가르침이 하나씩 포함돼 있습니다. 그것들을 이제부터 차례로 알아보겠습니다.

2-1. 첫 번째 네 구절

무릇 모습이 있는 것은,
그 모두가 헛(虛)되고 망(妄)된 것이다.
만약 모든 모습을 모습 아닌 것으로 본다면,
곧 여래를 보리라.
(凡所有相 皆是虛妄 若見諸相非相 卽見如來)

이 사바세계에 모습(相) 없는 것은 없습니다. 눈에 보이지 않는 공기조차도, 고유의 존재형태를 갖고 있습니다. 눈에 보이든 안보이든, 이들 모두는 헛(虛)되고 망(妄)된 것으로, 오로지 마음이 만들어 낸 환(幻)일 뿐입니다. 우리의 몸도, 몸의 다름 아닌 「나」도, 당연히 그렇습니다. 따라서 오만가지 모습의 집합체인 이 〈세계와 「나」〉를 환으로 본다면, 곧 여래를 보리라 라고 이 네 줄 글귀는 가르치고 있습니다.

〈세계와 「나」〉가 환임을 보는 방법은 오직 명상(瞑想) 뿐이며, 그 외에는 없습니다. 명상 속으로 깊이 들어가 마음을 지우면 곧 〈세계와 「나」〉가 사라지는 체험을 할 수 있는데 그것이 바로, 모든 모습을 모습 아닌 환으로 보는 것이고, 진아의 체험이고, 견성(見性)이고, 깨달음이고, 그리고 여래를 보는 경지입니다.

그런 경지에 도달하려면 여러 생애에 걸친 극기의 수행이 필요할 수도 있는데, 과연 그럴만한 가치가 있는가? 그런 고행을 하느니, 차라리 사바세계에 머물며 그런 대로 적당히 살다가 가는 것이 낫지 않겠는가? …… 등의 의문이 있을 수 있는데, 그 점에 관해서는 삼천대천세계 어쩌고 하면서 강조하신 가르침을 앞서 소개한 바가 있습니다. 감히 말하건대 〈세계와 「나」〉가 사라지는 그 경지는, 무슨 말로도 설명할 길이 없는 지복입니다. 체험하는 순간 이 세상의 어떠한 쾌락도 행복도 가치를 잃고 무의미해집니다.

2-2. 두 번째 네 구절

모든 보살 마하살은 응당 이와 같이 청정심을 낼지니,
마땅히 색에 머물러 마음을 내지 말 것이며,
마땅히 소리 향 맛 촉감 법에 머물러 마음을 내지 말 것이며,
마땅히 머무는 바 없이 마음을 낼 지니라.
(諸菩薩摩訶薩應如是生淸淨心 不應住色生心 不應住聲香味觸法生心 應無所住而生其心)

보살은 보리살타(菩提薩埵, bodhisattva)를 줄인 말로, 육 바라밀다행을 실천하면서 지극한 자비심으로 중생교화 내지는 중생제도에 헌신하는 구도자(求道者)이며, 대승불교(大乘佛敎)의 이상을 구현하는 분들입니다. 마하살은 크게 원(願)을 세우고 크게 행(行)하는 대(大)보살이라는 뜻으로, 깨달음의 위계에서 부처 다음에 있습니다. 경에 나오는 보살들은 다 마하살들입니다. (세존께서도, 전생에 그리고 성불하기 전까지 보살이셨습니다.) 중생은, 제도 대상이 되는 뭇 생명체를 가리킵니다.

「청정심」이란 탐심(貪心) 진심(嗔心) 치심(痴心)이 없는 순수한 마음이고, 색(色)은 지각(知覺)하는 대상(對象)을 그리고 법(法)은 존재하는 것들을 뜻합니다. 「…에 머물러 마음을 내지 말라」「머무는 바 없이 마음을 내라」는 뜻은, 생각 없이 행동하라는 뜻입니다. 「행위 한다」는 생각 없이 행동하라는 겁니다.

비유하건대, 마음을 거울로 바꿔 놓은 듯이 행동하라는 것입니다. 거울은 비춰지는 대상을 표면에 수용하고 인식할 뿐, 어떠한 반응도 하지 않습니다. 그와 같이, 감정이나 이끌림이나 생각으로 이어지지 않게 행동하라는 것입니다. 베풀되 베풀었다는 생각이 없고, 맞되 분하지 않고, 아름답다고 탐닉(耽溺)하지 않고, 시끄럽다고 화내지 않고 ……, 하는 그런 처신입니다. 수행이 그런 수준에 이른 보살은 산은 산이고 물은 오직 물일뿐입니다(山是山 水是水). 그것에 어떠한 감정이나 이끌림이나 생각의 덧씌움이 없습니다.

명상의 견지에서 볼 때 그런 행동 그런 처신은, 그 다가 마음을 지우는 훈련이고 견성에 이르는 차제(次第, 순서적 변화)의 일부입니다. 진인(眞人)은 마음이 없습니다. 행위를 하되, 행위 한다는 생각 없이 오직 직관(直觀)으로 행동합니다.

세존께서는 금강경 제14장에서 이런 말씀을 하셨습니다. 「내가 옛적에 가리왕에게 온몸을 마디마디 잘렸을 때에도, 나는 아상 인상 중생상 수자상이 없었느니라(如我昔爲歌利王 割截身體 我於爾時 無我相 無人相 無衆生相 無壽者相).」 세존께서 전생에 인욕(忍辱)수행자였을 당시, 가리왕이라는 폭군으로부터 신체의 마디마디가 잘려나가는 그런 잔인한 짓을 당했을 때에, 당신께서는 아상과 인상 중생상 수자상이 없었다고 말씀하신 겁니다. 아상(我相)이란 「나」라는 마음이고, 온갖 욕망과 감정과 생각을 일으키는 바탕입니다. 하여, 당신께서는 그런 몹쓸 짓을 당했는데도 불구하고, 분한 감정이나 미워하는 생각이 일절 없었을 뿐만 아니라, 그런 것들이 일어나는 뿌리이고 바탕인 아상 자체가 없었다는 겁니다. (인상 중생상 수자상에 관해서는 뒤의 3-1항을 참조하시기 바랍니다.)

마음 없이 어떻게 행동을 할 수 있는가, 아상 없는 분에게 그런 고통은 어떠한 것인가 하는 점은, 수행이 그럴 만한 단계에 이르러야만 비로소 그리고 홀연히 이해하게 됩니다. 송구스럽습니다만, 그렇습니다.

2-3. 세 번째 네 구절

만약 물체로 나를 보려 하거나,
음성으로 나를 찾으려 한다면,
그 사람은 삿된 길을 가는 것이므로,
여래를 볼 수는 없느니라.
(若以色見我 以音聲求我 是人行邪道 不能見如來)

여래는 진아(眞我) 또는 진여(眞如)와 합일한 분이므로, 사후에 윤회전생하지 않습니다. 고로, 사바세계에는 존재하지 않습니다. 또한, 합일됐고 공(空)의 차원이고 하므로, 진여에도 여래는 개체로 존재하지 않습니다. 그런 상태를 법신(法身)이라 하는데, 법신은 「없이 계시는 분」입니다.

그러므로, 석가모니불상을 정성들여 조성하고 나무석가모니불 나무석가모니불 …… 하며 간절히 기도들인들, 우리의 스승 그분께서는 그곳에 머물지 않으며 응답도 하지 않습니다. 나머지 불상들도 같습니다. 불상은 오직 방편(方便)일 뿐인데, 방편은 목적달성을 위한 수단 또는 도구를 뜻합니다. 문수보살 보현보살 지장보살 관세음보살 등 수많은 보살 마하살들의 상(像)도 역시 방편일 뿐입니다.

세존께서 금했는데도 불구하고 사찰에 불상이 모셔져 있는 까닭은, 그렇게 방편으로 사용하기 때문입니다. 의식(儀式)을 위해서, 믿음을 다지거나 수행분위기를 돋우기 위해서, 일념집중하는 명상대상으로 삼기 위해서, …… 등의 목적으로 사용하기 때문입니다. 법신이 된 스승을 형상으로 모셔 놓고 마음속으로 우러르며 그런 행사나 수행을 하는데, 그것을 누가 감히 우상숭배라 하겠습니까.

그러나 방편은 거기까지이고, 그 범위를 넘는 것은 문제가 있습니다. 이를테면, 거대한 또는 너무나 많은 불상을 눈에 띄게 조성해 놓고 그 위신력(威信力)을 과시한다거나, 불상에게 소원성취를 빈다거나 하는 등의 행위 인데, 바로 그런 행위들을 경고하기 위해여 세존께서는 위의 세 번째 네 구절 가르침을 설한 것입니다.

초기불교 때는 불상이 없었습니다. 그러던 것이 알렉산더 대왕(Alexander the Great, B.C.356~323)이 서인도를 침공한 여파로, 그 지역에 간다라미술이 생기고 발전한 A.D. 1세기에 불상이 조성되기 시작했다고 합니다. 불멸(佛滅)후 500년도 더된 시기였습니다. 지금도 대한불교진각종(眞覺宗)이나 원불교(圓佛教) 등의 종단에서는 불상을 모시지 않습니다.

2-4. 네 번째의 네 구절

생멸(生滅)하는 모든 존재는,
꿈, 환(幻), 거품, 그림자와 같으며,
이슬과 같고 또한 번개와도 같으니,
응당 그와 같이 관(觀)할지니라.
(一切有爲法 如夢幻泡影 如露亦如電 應作如是觀)

유위법(有爲法)은, 유(有) 행(行) 무상(無常) 소멸(消滅) 등 생멸(生滅)이 있는 상대적인 차원 또는 존재의 사바세계이고, 무위법(無爲法)은 그것을 초월한 절대의 차원 또는 진아(眞我)를 뜻합니다. 유(有)는 있음이고, 행(行)은 행동 등의 뜻도 있지만 무상(無常)과 함께 있을 때에는 「모여 모습을 이룸」이라는 뜻이 더 강합니다. 무상은 쉼 없는 변화를 뜻합니다. 유위법을, 여기서는 생멸하는 존재라고 알기 쉽게 표현했습니다. 환(幻)이란 실재(實在)하지 않는 것을 마치 있는 거처럼 보는 것입니다. 그리고 관(觀)은, 지혜의 눈으로 보는 것입니다.

꿈은 덧없고 허황됨을 가리킨 말이고, 환은 그렇고, 거품은

실(實)이 없고 어느 순간 꺼지면서 흔적도 없이 사라짐을 가리킨 것입니다. 그림자는, 그것을 투영한 물체의 모습이 사라질 때 함께 사라지는 그림자처럼, 〈세계와 「나」〉도 마음이 지워질 때 함께 사라짐을 비유한 말입니다.

이슬은, 햇빛을 외면한 채 어둠과 함께 맺히고 스러지고 하는 이슬처럼, 고해 속에서 생멸하는 존재들을 비유한 말입니다. 그리고 번개는, 공간속에 갇힌 존재들의 짧은 한시적 상태를 가리킨 것입니다.

이상의 가르침은, 시간과 공간의 틀 속에서 무상에 시달리며 갇혀 지내는 그리고 절대와 영원이라고는 전혀 없고 고(苦)만이 있는, 유위법 사바세계의 존재들을 그것을 초월한 무위법의 관점에서 본 상황입니다. 절대와 영원과 지복(至福)만이 있는 진아의 차원에서 지혜의 눈으로 본 상황입니다. 중생이 위에 적은 그 유위법의 상황을 돌파하여 해방을 얻고 마침내 진아와 합일하려면, 스스로와 세계를 그런 지혜의 눈으로 봐야 한다고 가르친 말입니다.

이 네 번째 네 구절 가르침 은 금강경의 끝부분에 나옵니다. 이 대목에서, 수보리 제자와 설법을 들은 비구(比丘) 비구니(比丘尼)들과 선남자(善男子) 선여인(善女人)들과 천인(天人) 아수라(阿修羅)들을 포함한 모든 중생이 크게 환희하며 가르침을 받들고 행하게 됐다 라는 설명이 나옵니다. 금강경은 그 정도로 깨달음의 진수를 담았고, 그것을 마무리한 마지막 네 구절 가르침은 그토록 감격스러운 것입니다.

금강경의 제8장에는 이런 말도 나옵니다. 즉, 일체의 모든 부처와 모든 부처의 위없는 바른 깨달음도 다 이 경으로부터 나왔느니라(一體諸佛 及 諸佛阿耨多羅三藐三菩提法 皆從此經出) 라는 ……. 금강경은, 세존께서 그 정도로 힘줘 강조하신 가르침으로, 오늘날 불자들뿐만 아니라 지구촌의 다른 종교 및 무종교의 수행자와 학자들에게 까지, 깨달음을 전수(傳授)해 주는 그야말로「금강」의 가르침이 되고 있습니다.

3. 그 외의 가르침들

3-1. 무 아상 인상 중생상 수자상(無 我相 人相 衆生相 壽者相)에 관하여

제3장에 처음 나오는 이 가르침은, 그 뒤로도 여러 번 반복됩니다. 그만큼 중요하기 때문입니다. 지극한 자비심으로 중생을 교화하는 한편으로, 육 바라밀다행을 실천하는 보살이나 구도자는 마땅히 아상과 인상과 중생상과 수자상이 없어야 합니다.

그런 상(相)들이 있으면 수행이 진척되지 않습니다. 결코 깨달음의 길에 들 수가 없습니다.

아상(我相)

아상이란, 마음이 만들어낸 「나」라는 고정 잠재의식입니다. 「나」는 생애활동을 하는 동안 몸의 주인행세와 길라잡이 역할을 합니다, 영어로 에고(ego)라 합니다. 그리고 첫 번째 네 구절 가르침에 의하면, 실제로 있는 것이 아닌 환(幻)입니다. 참 나가 아닙니다. 참 나는 진아(眞我)이므로, 가짜이고 환인 「나」를 지키고 있는 한 그 진아에 드는 길은 열리지 않습니다. 그래서 상구보리(上求菩提)하는 보살이나 구도자는, 아상부터 없애야 합니다. 탐심(貪心)과 진심(嗔心)과 치심(痴心)을 줄이고 없애고, 마침내는 「나」를 지우는 마음 수행을 해야 합니다. 지난(至難)하지만 해야 합니다.

인상(人相)

인상이란, 〈너는 「남」이다〉라는 생각입니다. 넓혀 말하면 너뿐 아니라, 다른 인간과 동물식물 자연 그리고 지구와 우주 등의 세계를 「나」가 아닌 「남」으로 구별하는 생각입니다. 「나」는 보는 자이고 「남」은 보이는 모든 것입니다. 명상이 깊은 단계에 이르면, 「나」가 사라지는 체험을 할 수 있습니다. 이때, 마음이 지워지고 「나」라는 식(識)과 일체의 느낌 및 생각이 없어지면서, 내 몸과 남의 몸과 주변의 모든 것이 하나로 뵙니다. 내 몸과 세계가 한 장면 속에 똑같게 보입니다. 더 이상, 나다 너다 남이다 라는 구별이나 분별이 없습니다. 내 몸에 「나」가 들어 있지 않기 때문에 그런데, 그리 뵈는 것은 눈으로가 아니라 진아의 자각으로 보는 것입니다.

독자들께서는 더러 납득이 안가고 혼란스러울 겁니다. 왜냐하면 이것은, 명상으로 체험해야만 납득할 수 있는 초삼차원(超三次元)의 경계이기 때문입니다. 그것은 그렇고, 진리의 차원에서 볼 때 「나」와 「남」은 한 뿌리입니다. 일원(一元)입니다. 이 이치를 무시하고 세상을 「나」와 「남」인 이원(二元)으로 보는 한, 진리에는 접근할 수 없습니다. 다시 말해서, 인상을 갖고 있는 한 진아에 드는 길은 열리지 않습니다.

중생상(衆生相)

중생상의 중생은, 부처의 제도대상이 되는 인간 및 뭇 생명체를 가리킵니다. 상은, 모습이고 고유의 존재형태이고 그렇습니다만, 마음과 관련해서는 굳어진 생각 또는 박힌 의식을 가리킵니다. 고로 중생상이란, 자기도 모르게 마음속 깊숙이 박혀 있는, 부정적 중생의식입니다.

중생은 스스로가 부처거나 하늘(天, heaven)인줄을 모릅니다.

중생과 부처 또는 인간과 하늘은 이을 수 없는 절대 불가침(不可侵)의 둘이며, 하나일 수가 없다고 믿습니다. 자기는 감히 그런 존재가 될 수 없다고 믿습니다. 그리고 그것에 더한 외경심(畏敬心)이 의식 속에 박혀 있으므로, 「당신도 본래는 부처님이다」 「당신도 본래 하느님이다」라고 말하면 펄쩍 뜁니다. 그러면서 절대자에 대한 모독으로 간주합니다. 무슬림 같으면 말한 이가 봉변을 당할 수도 있습니다. 비유가 좀 과했습니다만, 그렇습니다. 그래서 필자는 부처나 하늘이라는 용어보다 참나 또는 진아(眞我)라는 용어를 더 쓰고 있습니다.

한데 그런 중생심이 있는 한, 그는 「참나」로 돌아갈 수 없습니다. 깨달음을 향한 수행에 접근이 되지 않습니다. 고로 그런 중생심을 깨는 일이, 보살들이 행하는 교화이고 제도(濟度)입니다. 하위 개념인 고(苦)의 제거나 극락세계로의 인도를 뜻하는, 그런 제도를 차치하고 말입니다.

수자상(壽者相)

수자의 수(壽)는 「목숨」을 뜻하고, 자(者)는 사람 말고 「것」이라는 뜻입니다. 고로 수자상이란, 목숨 있는 것들이 갖고 있는, 목숨 특징과 관련된 박힌 의식을 가리킵니다. 그런 인간은, 마음 바닥에 박혀 있는 「나는, 그저 나고 죽고 하는 그리고 한 번만 사는, 한시적 생명체일 뿐이다」라는, 의식의 틀속에 갇혀서 지냅니다. 남들과 경쟁하여 이기고 출세하고, 권속(眷屬)을 거느리고, 건강하게 장수하면서 부귀영화를 누리는 것이 생애(生涯) 활동의 전부이고 목적입니다. 그런 생각의 틀을 넘지 못합니다. 「존재」에 대한 회의(懷疑)가 전혀 없습니다. 당연히 아상과 인상과 중생상이 더불어 단단하므로, 보살들이 가장 애를 먹는 교화 대상입니다.

눈 있는 동물들은 다 영(靈)이 있습니다. 대체로 몸집이 클수록 영의 수준이 높은데, 고래 코끼리 말 소 그리고 사람과(科)의 고릴라 침팬지 등에게 (물어보지 못해서 단언할 수는 없지만) 존재에 대한 회의나 고(苦)로부터의 탈출 의지가 있는지는 매우 의심스럽습니다. 보살들이 거의 포기한 중생이 아닌가 싶습니다.

3-2. 아라한(阿羅漢)에 관하여

아라한(阿羅漢)은, 범어인 Arhat의 음역 한자(漢字)로, 진아(眞我)와 완전히 합일한 보살 내지는 구도자를 가리킵니다. 성불(成佛)한 자이고, 진인(眞人)입니다. 에고(ego)를 죽인 승리자이고, 해탈한 대자유인이고, 살아 있는 최고의 성(聖)이고, 다시는 태어나지 않는 자입니다. 모습과 거동은 일반인과 다를 바 없으나, 마음이 진아 속에 고정돼 있으면서 직관으로 행동하는 자입니다. 그에게는 (자신이) 아라한이라는 생각도 없습니다.

경의 제9장을 보면, 아라한 밑에 있는 수다원(須陀洹)과 사다함(斯陀含)과 아나함(阿那含)에 대하여, 이들 구도자들이 처해있는 깨달음 단계에서의 위계(位階)를 설명하고 있습니다. 그 중 가장 낮은 수다원은 깨달음 길에 들어선 자이고, 사다함은 진아를 체험했지만 완전히 합일 못한 채 사바세계로 돌아온 일이 한 번 있는 자이고, 아나함은 완전히 합일 못했지만 사바세계에 돌아오지 않고 곧 합일 할 자이고 그렇습니다. 깨달음의 단계는 한 생애가 아닌 여러 생애에 걸쳐 있습니다.

중요한 것은 그러한 위계의 설명이 아니라, 그런 위계 그런 길목까지 온 성과에 자만해서는 아니 된다는 세존의 가르침입니다. 내가 이제 수다원이구나 사다함이구나 아나함이구나 하는 따위의 자만심 내지 상(相)이 있으면, 그는 수다원도 아니고 사다함도 아니고 아나함도 아니라는 것입니다. 따라서 구도자는 그런 상 없이 오직 정진할 따름입니다.

3-3. 남은 가르침에 관하여

남은 가르침은 대체로 부수적이고 방편적인 내용들입니다. 그리고 경의 후반부는, 거의 다가 전반부에서 언급된 가르침의 반복입니다. 그러므로 앞의 네 가지 네 구절 가르침과 상(相)에 대한 가르침을 확실하게 납득하고 나면, 남은 가르침들을 이해

하는 데에 큰 어려움이 없지 싶습니다.

나가면서

금강경은, 매일은 아니더라도 자주 독송하는 것이 좋습니다. 그러다 보면, 내용의 어구들을 개별적으로 이해 못하더라도, 전체적인 가르침의 방향을 영감(靈感)으로 느끼게 됩니다. 그러면서 그 방향의 수행 길로 진입하게 됩니다. 우리의 고마운 스승 세존께서는, 비록 가셨지만 그러한 뜻으로 사바세계에 금강경을 남겨 놓으셨습니다.

명상에 뜻을 둔 수행자라면 처음부터 금강경을 완전히 이해할 필요가 없지 싶습니다. 명상이 진척되면서, 전에 이해 못했던 어구들을 체험으로 확연히 알게 됩니다. 경의 내용을 혼란스럽게 알았거나 알음알이(知解)만 넓힌 상태에서 시작하는 명상보다는, 훨씬 덜 헤매게 됩니다. (2014.)

내가 생각하는 「나」와 죽음과 근원

들어가면서

죽음은 누구도 설명할 수 없습니다, 철학에 더하여 요즘은 과학이 그 규명 노력을 하고 있습니다만, 불가능합니다. 의식(意識, consciousness)이 무엇인지 그리고 죽음 후에 그것이 어떻게 되는지를 규명하고자 정신의학 심리학 물리학 등이 노력하고 있습니다만, 불가능합니다. 왜냐하면 존재차원을 초월하는 일이고 두뇌능력 밖의 일이기 때문입니다.

더러 근사(近死)체험자들이 얘기를 합니다만, 숨넘어간 직후의 상황만을 얘기할 뿐입니다. 육신이 소멸된 죽음후의 일과 사바에 태어나기 전의 일 등, 그 무두를 통틀은 진리에 관해서는 접근조차 못하고 있습니다.

그것은 오직 불안(佛眼)의 통찰력을 갖춘, 불세출(不世出)의 각자(覺者) 내지는 성자(聖者)만이 설명할 수 있습니다. 그러므로 외람되고 하찮은 이 글의 내용은, 단지 필자의 생각일 뿐입니다. 그 동안 공부한 것을 검증받기 위해서 아뢰는, 그런 수준의 것입니다.

이야기의 내용

먼저, 내가 어쩌고저쩌고 하는, 이 「나」의 구조부터 살펴보겠습니다. 그것은, 「나」라는 생각을 일으키는 마음과 역시 「나」라고 여기는 몸으로 구성돼 있습니다. (이제부터 그것을 하나의 「몸나」로 부르겠습니다.) 인간은 그 「몸나」가 참인지 거짓인지를 스스로 밝히지 못하도록, 그리고 더 나아가 그것에 휘둘리면서 생애를 보내도록 만들어져 있습니다.

그러나 몇몇 성자들께서는 그것이 거짓임을 일찌감치 옛날에 밝히셨습니다. 그중에서도 인류의 스승 석가세존(釋迦世尊, B.C. 624~544)께서는 인간뿐 아니라 이 세계가 환(幻, 거짓)임을 밝히셨으며, 그것을 깨닫고 「참나」로 되돌아가는 수행 및 수행의 방법까지 가르치고 남기고 하셨습니다. 그리스도교의 언어로 표현하면, 하느님이 내 안에 계심을 밝히셨고 더 나아가 그분과 합일하는 방법까지 가르치고 남기고 하셨다는 얘기가 되겠습니다.

수행하는 누구나가 그리되는 것은 아닙니다만, 명상 속에 깊이 들어가면 「나」라는 생각과 마음이 소멸됩니다. 그러면서 「나」가 빠진 몸과 주변세계를 「나」아닌 「참나」의 자각(自覺)으로, 마치 관객이 영화를 보듯 볼 수 있습니다. 더 들어가면, 「몸나」와 세계마저 소멸되면서 「참나」의 지복(至福)을 체험 합니다. 「참나」는 다른 말로 자성(自性) 진여(眞如) 등으로도 불립니다만, 실은 인간의 지능으로는 헤아릴 수 없는, 공(空)과 무(無)와 영(靈)의 차원입니다. 그것조차도, 억지 언어로 그리 나타냈을 뿐, 비었음도 없음도 그리고 인간의 영혼과 같은 그런 영도 아닙니다. (송구스럽습니다만, 이런 내용은 명상을 해야만 확실하게 이해할 수 있습니다.)

고 라마나 마하르쉬(Ramana Maharshi, 1879~1950) 가르침에 따르면, 「몸나」와 「세계」는 있는 것이 아닙니다. 그것은 환(幻)이며 「참나」로부터 투사된 것으로, 그것에 의하여 마음이 생기고, 「나」라는 생각이 일어나면서 「몸」이 있고 「세계」가 보인다 합니다. 즉 그 스스로도 환인 「몸나」의 감각으로, 환의 「세계」를 인식하게 된다는 뜻입니다. 어쨌든, 인간은 그 「몸나」와 「세계」

를 진짜인양 굳게 믿고 있습니다. 그런데, 「참나」는 항상 누구에게나 존재하지만, 「몸나」는 「참나」없이 존재할 수가 없습니다. 영화에서, 영상은 스크린 없이 있을 수 없지만 스크린은 그 자리에 항상 있는 것과 같은 이치입니다. 그리고 스크린 표면에는 이 이야기의 영화에서 저 이야기의 영화로 제목이 바뀌며 끊임없이 새 내용의 영상이 스쳐 지나가지만, 스크린 자체는 변함없이 항상 그 자리에 그대로 있습니다. 윤회전생(輪回轉生)하는 「나」와 스크린격인 「참나」또한 그러합니다.

가르침에 의하건대 마음은, 다섯 가지 감각식(感覺識)과 의식(意識)과 말나식(識)과 아뢰야식(識)이라는 기능으로 나뉘어져 있습니다. 감각식은 눈 귀 코 혀와 몸의 접촉으로 대상(對象)을 감지 내지는 인식하는 기능이고, 의식은 그것들을 종합하여 분별하고 판단하고 하는 흔히 일컫는 그 의식이고, 말나식은 인간이 「나」라고 여기는 아상(我相) 또는 에고(ego)의 바탕으로서, 온갖 이기심을 발휘하는 자기중심의 일반적 마음입니다. 여기까지의 기능은 몸의 뇌의 작용이며 때가 되면 뇌와 함께 소멸됩니다.

마지막 아뢰야식은 많이 다릅니다. 그것은, 마하르쉬께서 말씀하신 「몸나」를 있게 한 투사체입니다. 그리고 「몸나」가 출현한 후, 그 마음의 말나식에 붙어서 무의식과 장식(藏識)과 종자식(種子識)의 기능을 수행합니다. 장식은 「몸나」의 생애활동(업)

을 기록으로 저장하고, 종자식은 「몸나」를 사후에 그 업대로 다시 환생시킵니다. 업(業, karma)은, 한 인간이 생애에 걸쳐 몸과 입과 생각으로 행한 모든 것입니다.

아뢰야식은 죽어서도 소멸되지 않습니다. 또한 에너지이기도 하므로, 물질을 모아 다시 한 개체가 되도록 일을 합니다. 중생은 아뢰야식 또는 그 카르마의 사슬에 매여, 환(幻)의 세계에서 나고 죽고를 그렇게 반복합니다. 그런데 요즘은 놀랍게도 그리고 흥미롭게도 과학자들마저 비슷한 소리를 하고 있는 즉, 그 것에 관해서는 관련분야 문헌을 읽으시기 바랍니다 (Bruce Greyson 박사의 논문 또는 Journal of Near-Death Studies 학회지 참조).

각설하고, 인간의 「몸나」는 신체의 면역체계와 신경체계로 구성돼 있습니다. 전자인 면역체계는 「몸」을 보전하기 위하여 그 것을 질병 및 여러 외부 병원체로부터 방어하고, 장기(臟器) 이식을 할 때에는 어느 특정장기를 받아들일 것인지 아니면 거부할 것인지를 결정합니다. 후자인 신경체계의 뇌는 정신적 자기인 「나」의 바탕이 됩니다. 그러면서 이 두 체계는, 서로 밀접히 얽혀 「몸나」의 개체성을 확립하고 그 보전을 극대화 해 나갑니다.

이 두 체계 중에서 면역체계가 파괴되면 「몸」만 죽는 것이 아니라, 「나」도 함께 죽습니다. 왜냐하면 「나」라는 생각을 일으키는 마음은, 「몸」의 신경체계 없이는 존속할 수 없기 때문입니다. 반대로 신경체계만 파괴되면, 「몸」만이 사는 까닭에 인간은 「나」없는 치매상태 또는 식물상태로 존속하면서 생로병사(生老病死)의 마지막 단계로 향합니다. (주인 없이 몸만 있으면서 그리 된다는 얘기입니다.)

인간의 「나」는 생애를 통하여 「몸나」의 주인행세와 길라잡이 역할을 합니다. 먹고 먹히는 이 치열한 경쟁사회에서 그 자신과 권속과 종족을 보전하는 것에 더하여, 남보다 더 잘 살려고 수단방법을 가리지 않습니다. 남을 제압하고 속이고 빼앗고 죽이고 …… 하는 오만가지 행위를 합니다. 그런 폐해를 막기 위하여, 인간사회는 도덕과 법률이라는 문명의 틀을 만들어 행위를 다스리고 있습니다만, 고수(高手)인 「나」의 탐심(貪心)과 진심(嗔心)과 치심(痴心)을 대하기에는 역부족입니다. 그래서 세상은 고해(苦海)가 됐습니다. 하지만, 「나」가 제아무리 고수라 하더라도 다음 생애에서, 전생 업의 과보(果報)를 면할 수는 없습니다. 「콩 심은 데 콩 나고, 팥 심은 데에 팥 난다」는 속담대로 말입니다. (그렇더라도, 실은 인간이 생각하는 대로는 아니고, 오직 「참나」의 투사인 그 카르마의 법을 따를 뿐입니다.)

「몸나」가 죽을 때에는, 「몸」도 「나」도 분해되어 사라집니다.

다만 매우 드물게, 미쳐 안 분해된 「몸나」의 말나식이 중음신(中陰身) 또는 유령의 형태로 떠도는 경우가 한시적으로 있습니다. 「나」는 본시 없으므로 영혼도 없고, 지옥도 천당도 따라 없습니다. 이 성격의 이 욕심이 그 기억을 간직한 채로 옮겨가는 지옥이나 천당은 존재하지 않는다는 말씀입니다. 「나」가 분해되는데, 무엇이 영혼이 되어 천당에 가고 지옥엘 가고 하겠습니까. 다만 그리고 위에서 말씀 드린 대로, 망자(亡者)는 환생할 때 또 다른 「몸나」가 되어, 전생 업에 따른 새로운 생애를 전개해 나갈 따름입니다. 그러한즉슨, 환생할 때마다 다른 「몸나」가 되는 그것을 어찌 참된 「나」라고 말할 수 있겠습니까. 시간과 공간을 초월한, 영원불변한 그것만이 오직 참된 「나」입니다.

삶의 고통과 윤회전생(輪回轉生)을 포함한 인간의 불행은, 그가 「참나」로 되돌아갈 때에 끝납니다. 금생(今生)이든 내생(來生)이든 그것이 환임을 「몸나」로 깨달을 때에 끝납니다. 고 류영모 선생님(多夕 柳永摸, 1890~1981)의 말씀을 빌리자면, 「얼나」가 되어 인격신이 아닌 그리고 오직 무(無)와 공(空)과 영(靈)이신 「한아님」과 합일 할 때에 종식됩니다. 「하느님」 「한아님」 「참나」 또는 무엇으로 불리든, 그 자리는 우리가 언젠가는 돌아가야 할 절대근원이며 고향입니다.

나가면서

난해한 말들을 늘어놓아 거듭 송구스럽습니다만, 우리는 환(幻)의 사슬에 묶여 나고 죽는 쇼를 거듭해 왔습니다. 저와 동배(同輩)인 어르신들과 그 후 세대들께서는 금생에서, 세계 속 한반도라는 무대에 분단국 국민이라는 공동 업(業)을 짊어지고 나와 동족상잔(同族相殘)의 가혹한 환경 속에, 혹은 사업가 혹은 회사원 공무원 군인 학교선생님 자영업자 또는 전업주부(主婦)로 살면서, 성공하고 실패하고 낙오하며 그리고 기뻐하고 분노하고 슬퍼하면서 쉼 없는 무상(無常)에 시달린 끝에 여기까지 오는, 그런 연기를 해 왔습니다. 제각기의 업대로, 그리고 죽음의 협박 속에서 그 일체가 속임수의 연극이었음을 모르면서 …….

원컨대 그리고 주제 넘는 말씀입니다만, 이제는 그 고달픈 사슬을 끊고 「얼나」의 고향으로 돌아가 영원한 휴식과 지복(至福)을 누리소서. (2014.)

내가 생각하는, 「나」와 세계와 운명

들어가면서

운명에 대해 얘기하려고 생각해보니 나와 세계를 빠트릴 수 없기에, 부득이 이들 셋을 함께 거론하기로 했습니다. 「운명」이란 인간인 「나」가 「세계」속에서 겪는 일이기에 그렇습니다. 생소하게 들리시겠습니다만, 이들 셋은 뗄 수 없는 구조적 연결고리 안에 있습니다. 하여 그것을 살펴보면, 「운명」이 무엇인지를 알게 됩니다.

「운명」이란, 어찌 할 수 없는 초월적 힘이 인간에게 가하는 그리하여 이번 생애에 그가 감수(甘受)할 수밖에 없는, 조건이나 상황 등을 뜻합니다. 이를테면, 특정 환경이나 처지 속에서의 탄생, 그때부터 조우(遭遇)하게 되는 특정 인간들 및 그들과의 관계, 생애에서 겪는 사건 사고 …… 등 말입니다.

이야기의 내용

벽두에 말씀드리건대, 「나」와 「세계」는 한 몸입니다. 동체(同體)입니다. 그렇게 얘기하는 까닭은 「나」가 태어날 때, 나만의 고유세계인 「내 세계」가 함께 출현하기 때문입니다. 그런데 그렇게 태어나기 전에 「나」와 「내 세계」는, 하나의 모습인 「나와 내 세계」였습니다. 아뢰야식(識)이라는 진아(眞我)로부터의 투사체(投射體) 안에 그렇게 하나로 있다가, 환(幻)인 사바세계에 나타나면서 둘로 나뉜 것입니다. 정확한 비유는 아닙니다만, 자궁 안에 하나로 있던 것이 밖으로 나오면서 둘로 갈라진 격입니다.

그렇지만 「내 세계」는 자궁을 통해 나오는 것이 아닙니다. 그렇게 나온 아기의 마음이 성숙해지고 「나」라는 생각이 뚜렷해지면서, 잠재의식을 통해 나타납니다. 다섯 가지 감각식과 그 뒤의 의식과 다시 그 뒤 「나」라는 생각의 바탕인 말나식이 성숙해질 때 나타납니다. 말나식에 붙어있는 그리고 잠재의식의 다름 아닌 아뢰야식의 작용으로 그렇게 나타납니다.

나만의 고유세계 또는 「내 세계」라 했는데, 그렇다면 인간의 수가 현재 73억인즉슨 73개의 「세계」가 있단 말인가? 말도 안 된다. 지금 73억의 인구가 하나뿐인 이 지구에 살고 있지 않은가? 눈을 부릅뜨고 봐도 그렇지 않은가? …… 라고 말씀들 하시겠습니다만, 그렇습니다. 73억의 「세계」가 서로 융합하여 하나의 「세계」로 변한 것뿐입니다.

그것과 관련하여, 상입(相入) 및 상즉(相卽)이라는 불교용어가 있습니다. 전자는 하나의 상(相)이 다른 대상에게 들어가는 특성을 뜻하고 후자는 모든 상(相)이 하나로 융합되는 그런 특성을 뜻 합니다. 즉, 나와 너와 제3자와 제4자 등의 「세계」가 서로 상대방 「세계」로 들어가고 녹아서 하나의 「세계」가 되는 것입니다. 그리하여, 마침내 73억의 「세계」가 하나의 「세계」로 융합된 것뿐입니다.

요약하여 말씀드리건대 우리들 하나하나의 개체 인간은, 「이미 있는 세계」 속에 「나」만 출현한 것이 아니라, 「나」와 「내 세계」가 함께 출현한 것입니다. 그리하여 73억 더하기 1이 융합된 이 「세계」 속에서, 「나」가 지금 73억 인구와 함께 살고 있는 것입니다.

저는 「나」와 「세계」가 동체라는 것을 확실하게 믿고 있는 즉슨, 체험이 있기 때문에 그렇습니다. 중년이던 1975년에 명상하며 겪은 일인데, 「나」가 사라지면서 그리고 허공에 있으면서, 내 몸과 남의 몸과 기타의 일체가 들어 있는 아래 「세계」의 활동을 봤습니다(눈으로 본 것이 아님). 마음이 지워지면서 그리고 「나」라는 생각과 일체의 느낌이 소멸되면서, 「나」가 빠진 내 몸과 내 몸 외의 모든 것이 들어 있는 「세계」를 봤습니다. 그때, 한없는 고요함 한없는 편안함과 함께, 그 속에 있는 내 몸과 내 몸 외의 모든 것이 완벽하게 동등했습니다.

그리고는 다시 내 몸 안에 돌아오면서, 강한 느낌을 받았습니다. 이 사바세계가 환(幻)이라는 그런 느낌 ……. 상입(相入)과 상즉(相卽)에 관해서는, 체험은 없지만 비슷한 맥락으로 그리고 성인(聖人)들 어록에 대한 신뢰를 바탕으로 믿고 있습니다.

난해한 말들을 늘어놓아 송구스럽습니다만, 이번에는 「운명」에 대해 살펴보겠습니다. 이번 생애에서 「나와 내 세계」가 출현했다는 것은, 전생에서의 그것을 이었다는 뜻입니다. 전생에서 내가 접했던 눈에 보이고 안보이고 했던 모든 것들, 즉 일체의 형이상하 대상(形而上下 對象)들과 내가 함께 환생했다는 뜻입니다. 그것은, 73억의 다른 인간들 경우에도 마찬가지입니다.

환생한 것 자체가 「운명」입니다만 그것에 관해서는 조금 뒤에 말씀드리기로 하고, 환생한 「나와 내 세계」는 전생에서의 그 모습이 아닙니다. 나와 다른 인간들이 행한 업(業)에 의하여 변화되고 변질된, 그런 「나와 내 세계」입니다. 업이란, 인간이 몸과 입과 생각으로 행한 모든 것을 뜻합니다.

어쨌든 인간의 환생은, 그가 만나는 새로운 「융합세계」속에서, 전생업의 과보(果報)대로 다시 생애를 보내야 함을 뜻합니다. 다시 말해서, 변화되고 변질된, 그러한 모습과 관계와 상황의 새로운 세계 속에서, 모든 대상들과 또다시 어울리며 생애를 보내도록 운명 지어 졌다는 뜻입니다. 그렇게 볼 때 금생(今生)의 인간들이, 인구과잉 자원고갈 환경악화 전쟁 등으로 상징되는 이 시대에, 특정 지역에서 특정 부모형제자매의 자식 및 동기로 태어나고, 가깝고 먼 모든 개체들 무리 속에서 치열하게 경쟁하고, 친구도 만들고 원수도 만나고 질병도 앓고 결혼하여 권속도 거느리고, 의욕과 좌절과 희로애락과 행불행을 겪고 …… 하는 것은, 그 모두가 그에게 부여된 「내 세계」로 말미암아 탄생때 지고나온 운명 또는 숙명입니다. 그리고 그런 생애 전개과정에서 그가 감수 할 수밖에 없는 처지와 상황은, 전적으로 스스로가 행한 전생 업의 결과입니다. 결혼이나 교우(交友) 등 특정 인간과의 조우(遭遇) 및 생애에서 만나는 길흉화복(吉凶禍福)도, 전생에서 그가 만든 인(因)과 금생에서의 연(緣)이 만남으로써 생긴, 전적으로 그 자신에게 책임이 있는 결과일 뿐입니다.

여기까지가 어찌할 수 없는 운명이고, 그 다음은 고스란히 스스로의 몫입니다. 어떠한 길운(吉運)이든 악연(惡緣)의 만남이든 또는 화복(禍福)의 상황이든, 그것을 다른 결과로 만드는 일은 전적으로 스스로의 몫입니다. 즉, 스스로의 의지와 행동에 따라서 그 후의 과(果)가 새로이 생성됩니다. 세존(世尊)께서도 탄신 때, 「하늘 위 하늘 아래에서 오직 나만이 내 주인공이다(天上天下唯我獨尊)」라고 말씀하셨다는 설화가 있습니다.

그와 관련하여 개체 인간이 갖고 나온 「내 세계」는, 「융합세계」속에서는 거의 보이지 않습니다. 매우 작은 일부분일 뿐입니다. 그것은, 개체 인간들이 스스로의 의지대로 자유로이 행동할 수 있는 여백이 너무나 넓다는 뜻입니다. 세존의 말씀대로 내 생애에서 운명을 전개해 나가는 주인공은 오직 「나」일 뿐입니다. 어떠한 탄생이든 만남이든 어떠한 길운이든 화복의 상황이든, 그것을 다른 결과로 만들 수 있는 길은 무한하게 열려 있습니다. 단 노력이 필요합니다.

그런데, 이 시점에서 짚고 넘어가야 할 중요한 것이 있습니다. 즉, 왜 환생(還生)하는가? 하는 것이 그것입니다. 고통스러운 이 사바세계에 왜 거듭 태어나는가? 왜? 그 까닭은 집착(執着)하기 때문입니다. 그 업력(業力, 카르마의 힘)이 대단하기 때문입니다. 그중에서도, 삶에 대한 집착이 환생의 가장 큰 동력(動力) 구실을 합니다. 살고자 하는 강한 의지가 카르마의 원동력이 되어 그를 거듭 태어나게 합니다.

인간은 너무나 들 살고 싶어 합니다. 갖은 보약과 보신제를 다 챙겨 먹습니다. 개, 뱀, 곰의 쓸개와 발바닥, 벌래 …… 등, 상대를 죽이면서 까지 챙겨 먹습니다. 그런가 하면, 불로초(不老草)를 찾아 온 세계를 뒤지게 한 제왕도 있었고, 먼 거리를 마다하지 않으며 원정에 나서는 극성 꾼들도 있고 ……. 이 모두가 본능에 박힌 강한 생명력 때문입니다.

그렇다면, 자살(自殺)하면 되지 않는가? 그 생명력을 스스로 정지시키면 되지 않겠는가? …… 아닙니다. 그래서는 아니 됩니다. 그런 행위는 잠재의식 속에 깊이 박혀 있는 그 본능을 놔둔 채로 행하는, 무모한 만용(蠻勇)에 불과 합니다. 잠재의식의 다름 아닌 아뢰야식 을 놔둔 채로 행하는, 그 아래 말나식의 만용일 뿐입니다. 생명력의 정지는 순리(順理)에 따라야 합니다. 삶에 대한 집착을 없애는 일은, 그것을 있게 한 진리(眞理) 이치에 따라야만 가능합니다. 수행과 명상으로 아뢰야식을 거슬러 진아(眞我, 참나)로 돌아가야만 됩니다.「얼나」의 고향인 진아로 돌아가야만 됩니다. 자살은, 또 다른 자학(自虐)과 갈등의 모습으로 그를 환생시킬 따름입니다.

비슷한 이야기를 꺼냅니다만, 인간은 업(業)의 힘으로 환생을 거듭하며 진화해 온 것이 아닌가 생각 됩니다. 그의「세계」와 함께 말입니다. 그럴진대, 시생대(始生代) 이래 지금까지 지나간 35억 년간에 걸친, 그와 그의「세계」에 관한 정보가 어딘가에 압축 저장되어 있지 싶습니다. 저의 어리석은 생각으로는, 아뢰야식이 바로 그 곳입니다. 진아(眞我)로부터의 투사체이고 말나식 뒤에 잠재해 있기도 한, 그곳 말입니다. 실제로 280일간에 걸친 태아의 성장과정은, 그 35억 년에 걸친 진화의 압축이기도 합니다.

장황하게 말을 늘어놓았습니다만, 어쨌든 이 모든 것 즉 「나」와 「세계」 그리고 그 속에서 전개되는 「운명」은 아뢰야식이라는 식(識)의 놀음이고, 진아(眞我)로부터 투사된 환(幻)일 뿐입니다. 아무리 단단하게 느껴지고 만져지고 실감해도 그렇습니다. 꿈과도 같은 거짓의 사바세계 ……. 그리고 꿈이 그러하듯, 그 유래는 35억 년일 수도 있고 찰나일 수도 있습니다.

나가면서

저 스스로도 거짓 「나」인 주제에, 「세계」와 「운명」을 논하고 이 모두가 환(幻)이라 말하는 것이 민망하기도 하고 한편으로 우습기도 합니다. 원컨대 그리고 거듭 주제 넘는 말씀입니다만, 수행자 여러분들께서는 부지런히 정진하고 환의 사슬을 끊고 그리하여 마침내는 「얼나」의 고향인 진아로 돌아가소서. 고달픔을 씻고, 영원한 휴식과 지복(至福)을 누리소서. (2015.)

세 가지 불변의 진리

들어가면서

삼법인(三法印)이라는 가르침이 있습니다. 법(法)은 진리를 뜻하고, 인(印)은 진리의 불변성(不變性)을 나타내는 표장(標章)을 가리킵니다. 다시 적으면, 「세 가지 불변의 진리」가 되겠습니다. 이 진리는, 일찍이 석가세존(釋迦世尊)께서 정각(正覺)으로 터득하신 거고, 내용은 존재하는 만물 내지 존재계(存在界)의 이치를 설하신 건데, 예로부터 진리중의 진리로 꼽힙니다.

내용이 제행무상(諸行無常) · 제법무아(製法無我) · 일체개고(一體皆苦) 인데, 일체개고 대신에 열반적정(涅槃寂靜)을 넣기도 하고, 그것까지를 포함하여 사법인(四法印)이라고도 합니다. 어찌 됐든 여기서는, 앞에서부터 세 가지만을 차례로 말씀 드리겠습니다.

1. 제행무상(諸行無常)에 관하여

제(諸)는 「모든」의 뜻입니다. 행(行)은 행동 등의 뜻도 있지만 무상과 함께 있을 때에는 「모여 모습을 이룸」이라는 뜻이 더 강합니다. 무상(無常)은 「쉼 없는 변화」를 가리킵니다. 더러 슬픔 등을 나타내는 감상적(感傷的) 표현으로 사용되기도 합니다만, 본뜻은 그게 아닌 오로지 「쉼 없는 변화」입니다.

따라서 제행무상(諸行無常)의 뜻은, 「모여 모습을 이룬 모든 것은 쉼 없이 변한다」입니다. 눈에 보이든 안 보이든, 감각으로 그리고 생각으로 파악이 되든 안 되든, 시간과 공간 속에 모습으로 나타나는 자연현상과 사회현상 및 여러 상황은 무엇이든 쉼 없이 변화함을 뜻합니다. 생기고 머물고 변화하고 마침내는 소멸됨을 뜻 합니다 (生住異滅).

이 세상에 그렇지 않은 것은 아무 것도 없습니다. 산과 들, 강과 바다, 공기와 물, 그리고 그 속에 사는 뭇 생명체들, 어느 것 하나도 무상으로부터 자유로운 것이 없습니다. 만물의 영장(靈長)임을 자처하는 인간과 인간사회도, 따라서 당연히 그렇습니다. 개인은 생로병사(生老病死)하고 국가는 흥망성쇠(興亡盛衰)합니다, 더 나아가 우주도 성주괴공(成住壞空)하는 즉슨, 이 지구도 쉼 없이 변화하면서 언젠가는 소멸돼 없어집니다.

「10년이면 강산(江山)도 변한다」고 합니다만, 실은 눈치 채지 못할 뿐 해가 다르게 변화합니다. 속으로 겉으로 그렇습니다. 그러한즉슨, 개인이나 국가의 경우는 오죽 하겠습니까.

인간은, 이 단순한 진리를 모르거나 외면하면서, 시행착오와 실패와 불행을 겪습니다. 지금의 내 건강 · 지위 · 권력 · 소득과 재산 그리고 이 모든 것을 가능케 하고 있는 주변상황이, 언제든 내 의지와는 무관하게 변화할 수 있음을 대수롭지 않게 여기거나 설마하면서 외면합니다. 앞으로도 그러할 것으로 어리석게 여기면서, 또는 타성(惰性)에 젖은 마음으로, 그 반대의 경우를 외면합니다. 그리고는 기득상황에 안주(安住)한 채, 불행을 겪습니다.

불행을 모면하려면, 끊임없이 따라 변해야 합니다. 주변상황을 읽고 공부하고 하면서 시대의 변화흐름에 맞게, 개인은 끊임없이 변신(變身)해야 하고, 국가는 끊임없이 제도개혁을 해야 합니다. 자만(自慢)하는 자, 기득상황에 안주하는 자, 변화를 거부하는 자는 모두 망합니다. 개인이든 국가든 말입니다. 중간에 있는 집단들도 마찬가지입니다. 공공단체, 회사와 이익단체, 정당 및 각종 사회단체, 군대, 교육기관, 종교, …….

더 나아가, 문명도 변해야 합니다. 심각한 병폐(病弊)를 나타내고 있는 현재의 물질문명을 근본적으로 수정하고, 지질학적 기후변화기에 걸맞게 변해야 합니다. 그래야만 인류도 존속할 수 있습니다.

하지만 따라 변하더라도, 그 모두는 한계를 넘지 못하고 언젠가는 사라집니다. 개인도 집단도, 국가도 문명도 말입니다. 인류마저도 현재의 세(世, epoch)를 고비로 사라지지 싶습니다. (인류가 사라지고 지구가 소멸되고 우주가 재구성되고 하더라도, 그 것은 조금도 겁낼 일이 아닙니다. 왜냐하면 이 모든 것은 꿈이고 환(幻)이고 가짜인 까닭에, 「참나(眞我)」는 이 모든 것과 무관하게 그리고 초연하게 늘 존재하기 때문에, 그렇습니다. 다음 항에서 다뤄야 할 것을 미리 말씀드린 꼴이 됐습니다.)

2. 제법무아(諸法無我)에 관하여

이 말은, 존재하는 모든 것에는 「나」가 없다는 가르침입니다. 법(法)은 여기서 존재를 뜻합니다. 그러면 먼저 인간의 경우부터 살펴보겠습니다.

기술이 발달하면서 의술도 요즘 엄청나게 달라졌습니다. 그리하여 많은 환자 분들이 부품이식(移植)을 받아, 신체기능을 되찾고 수명을 늘리곤 합니다. 망가진 간 · 콩팥 · 심장 · 눈알 ·

뼈 등을 내 것을 버리고, 다른 인간의 것 또는 인조품(人造品)으로, 쓸 만한 것을 공급받고 있습니다. 그런 이식에 더하여 요즘은, 줄기세포와 유전자공학 등이 보다 더 확실하게 몸의 기능을 복원하는, 그런 일을 시작하고 있습니다.

지금의 추세대로라면, 머지않아 그런 저런 첨단기술이 손상된 뇌마저 손볼 것임은 의심의 여지가 없습니다. 로봇의 지능(知能)은, 지금 인간의 뇌에 근접 해 있는데, 머지않아 인간을 앞설 수도 있습니다.

「나」라는 것은 몸과 마음으로 구성돼 있습니다. 그런데 몸을 움직이게 하는 것이 마음이고, 마음은 뇌(腦) 기능의 다름 아닙니다. 왜냐하면, 뇌가 생각을 일으키기 때문에 그렇습니다. 그럴진대 그런 기술제품으로 부분 내지 완전 대체된 뇌를, 본래의 정통성 있는 「나」의 주체로 인정해야 할는지는 매우 난감한 일입니다. 그런 뇌를 가진 본인은 펄쩍 뛰겠지만 서도 말입니다.

조금 다르게, 완전한 치매상태 노인에게 「나」가 과연 있는지도 의심스럽습니다. 몸을 놔둔 채로, 주인공이 사라진 상태……. 사라진 그 곳이 천국이라고, 몸을 놔둔 채 영혼만이 서둘러 천국행을 한 것이라고 주장할 분이 계시겠지만, …… 믿음이 안 갑니다. 치매는, 뇌세포 파괴와 더불어, 여러 해에 걸쳐 서서히 진행되는 것이기 때문에 그렇습니다.

이 경우는 그게 아니라 「나」가, 몸에 앞서서 먼저 해체된 것뿐입니다. 누구든, 죽을 때 「나」라는 정신체 또는 의식이 사라지는 것은 일반적으로 순간 아니면 잠깐의 일이고, 그런 후 몸이 완만한 해체과정을 밟기 시작합니다. 그런데 이 경우는, 순서를 어기면서 전자(前者)가 먼저 완만한 해체과정을 밟은 것입니다. 뇌세포 파괴 때문에 그리 된 것뿐입니다.

그것은 그렇고, 「몸」과 「마음」은 생애를 통하여 끊임없이 변합니다. 「몸」은 생로병사하고, 「마음」도 「몸」의 생존을 위하여 그런 저런 환경변화에 적응하며 따라 변화합니다.

그런 까닭에, 과거의 「나」는 현재의 「나」가 아닙니다. 예컨대 10년 전의 「나」는 한 인(因, 원인)이었을 뿐. 그 것이 그 후의 환경인 연(緣)의 조건을 만나 새로운 과(果, 결과)로 변화된, 현재의 「나」와는 전혀 다릅니다. 전혀 다른 인간입니다. 신체적으로 정신적으로 그렇습니다. 아니라고 본인은 우기겠지만, 그것은 연속된 기억의 소치일 뿐입니다.

변치 않는 항상성(恒常性)이 있어야만 「참나」임을 강조하기 위해서, 위의 이야기를 했습니다.

각설하고, 누구나가 쉽게 그리 되는 것은 아닙니다만, 명상 속으로 깊이 들어가면 마침내 가짜인 「나」가 사라지면서 「참나(眞我)」로 되돌아가는 그런 체험을 할 수 있습니다. 운이 있으면,

그 전에 「나」가 빠진 내 몸과 남의 몸과 주변의 사바세계 움직임을 허공에서 (눈이 아닌 「참나」의 자각으로) 볼 수도 있습니다.

인류의 스승 세존께서는, 일찍이 2600년 전 혹독한 고행 끝에 몸소 구경(究竟)의 체험을 하고 각자(覺者)가 되신 후, 가르침을 펴셨습니다. 제자들과 뭇 중생들로 하여금 당신처럼 깨달음과 지혜를 얻고, 가짜인 「나」에게 휘둘리는 일이 없도록 가르침을 펴셨습니다.

3. 일체개고(一切皆苦)에 관하여

일체(一切)는 「모든 것」그리고 개고(皆苦)는 「다 고통」이라는 뜻입니다. 그러므로 이 말은 모든 것이 다 고통이라는 뜻입니다. 사바세계인 시간과 공간의 틀 속에서 인간이 겪는 그 모든 일은, 고통 아닌 것이 없습니다. 찬성하든 안하든, 그렇습니다. 그런데, 이런 말은 오직 깨달은 분만이 할 수 있는 소리입니다.

인간이 이룩한 문명은, 그간 물질적인 면에서 과욕하고 과속해온 나머지, 인구과잉 · 자원고갈 · 환경파괴 · 기상이변과 자연재해 · 크고 작은 테러(terror)와 분쟁과 전쟁 등의 재앙을 초래한 것에 더하여, 그 스스로를 주체할 수 없는 정신적 중압(重壓) 속으로 몰아넣었습니다.

그런 속에서 오늘날의 인간은, 나와 권속들의 생존을 확보하고자 치열하게 경쟁하고, 성취 및 탐욕 실현을 위하여 몸부림치고, 그러는 와중에 수많은 갈등 · 알력 · 좌절을 겪고, 질병을 얻어 쇠락하고, 그리고 마침내는 죽어갑니다. 다시 그러는 와중에, 이룬 사랑에는 이별이 따르고, 횡재한 재산은 도둑들의 표적이 되고, 명예와 인기 주변에는 시기하는 무리와 저격수가 있고, 사둔 부동산은 값이 추락하고, …… 하는 아픔을 겪습니다. 행복이란 그저 잠시 동안의 착각일 뿐입니다.

그러면, 왜 이런 상황들이 일어나는가. 왜? 그 모두는, 인간의 탐심(貪心)과 진심(嗔心)과 치심(痴心) 등 자기만을 위한 또는 자기중심의 마음에서 비롯됩니다. 탐심은 부당한 욕심이고, 진심은 내 뜻을 거스르거나 내 감정 건드리는 상대를 미워하는 마음입니다. 그리고 치심이란 진리를 모르는, 즉 연기(緣起)와 무상(無常) · 업(業)과 인과관계(因果關係) · 존재의 허구(虛構) 등 사바세계의 이치를 모르는 무지의 어리석은 마음입니다.

덧붙이건대, 무지는 에고(ego)인 가짜 「나」가 「참나」를 가리고 있기 때문에 생깁니다. 누구든 수행하여 「참나」로 되돌아가기만 하면, 엄청난 지복(至福)을 체험하게 됩니다. 말로 나타낼 길이 없는, 사바세계의 어떠한 즐거움도 행복도 의미를 잃고 고통으로 보이는 그런 지복 ……. 그리고는, 사바세계 중생들에 대한 연민(憐愍)을 느끼게 됩니다. 세존께서는 그래서 일체개고라고 말씀하신 겁니다.

나가면서

모든 것은 쉼 없이 변하고, 고통 또는 고통의 원인 아닌 것이 없습니다. 그리고 그런 일을 겪는 「나」는, 진짜 또는 「참나」가 아닙니다. 몸이, 잠시 동안만 이 사바세계에 머무는 그 스스로를 이끌고 존속시키도록 하기 위해, 신경체계로 하여금 내부적으로 만든 가짜 주인일 뿐입니다.

수행자라면, 모름지기 무상하고 고통 또는 고통의 원인이 되는 그런 것에 집착하지 말 것이며, 사바세계 너머에 있는 「참나」를 찾아 부지런히 정진해야 할 것입니다. 저의 말이 아닌, 세존의 말씀입니다.

수행자가 아니더라도 인간은, 그런 무상(無常)과 무아(無我)와 고(苦)를 인정하는 한편으로 탐심(貪心)과 진심(嗔心)과 치심(痴心) 일어나는 것을 다스려야만, 참 행복인 마음의 평화를 누릴 수 있습니다. 행복은 이기심의 충족이 아닙니다. (2015.)

오직 하나 일뿐 ……

나와 남은, 본시 둘이 아닌 하나입니다. 여기서 남이란, 나를 제외한 일체의 존재를 가리킵니다. 부모형제 마저 를 포함한 일체의 인간, 동물식물 등 일체의 생물과 생물 아닌 것, 지구와 우주 ……. 나는「보는 자」이고, 그들 남은「보이는 것」 또는 인식 대상이 되는 객관적 현상의 모든 범위이고, 그런 뜻의 세계입니다.

가르침에 의하면, 중생이 윤회전생(輪回傳生)을 거듭하는 이 사바는,「참나」로부터 투사되는 환(幻)입니다. 그 투사에서 나와 남은 원래 하나였습니다. 투사체 안에 하나의 씨앗으로 있다가 밖에 나오면서, 마음이 생기고「나」라는 생각이 일어나면서 몸이 있고「세계」가 보이고 하는데, 마음속의 아뢰야식은 이때「나」를 주인으로 인식시킵니다. 그러면서,「나」외의 일체를

「남」으로 보도록 만듭니다. 즉,「나」가 중심이 되고「나」가 아닌 「세계」를「남」으로 대하도록 합니다. 그 속의 중생을 포함해서 말입니다.

여기서 잠시 덧붙이건대,「나」가 없으면「세계」도 없습니다. 「보는 자」가 없는 까닭에 보이는「세계」도 따라 없다는 말씀입니다. 꿈 없는 깊은 잠에서는「나」도 없었지만 인식되는「세계」도 또한 없었음을, 우리는 경험을 통해서 익히 압니다. (자지 않던 옆 사람에게는 있었지만 그것은 그 분의 일일 뿐이고, 내게는 없었습니다.)「나」와「세계」는, 어느 한 쪽만이 떨어져 있을 수 없는 동체임을 강조하기 위해 이 얘기를 했습니다.

다시 본디 얘기입니다만, 원래 하나였던 것이 사바에 나타나면서 보는 자와 보이는 것, 나와 남, 주관(主觀)과 객관(客觀)이라는 이원(二元)의 구조로 나뉩니다. 그리고 그런 과정에서 굳어진 「나」라는 생각이 아상(我相)이고,「남」이라는 생각이 인상(人相)입니다. 깨달음이란 사바가 환(幻)임을 믿으면서 투사를 거슬러 「참나」로 되돌아가는 것인데, 그러려면 아상 인상 또는 나와 남이라는 생각의 뿌리를 제거해야만 목적을 이룰 수 있습니다. 마음을 제거해야만 이를 수 있습니다.

수행초보자들께서는, 혼란스럽고 이해 못하는 분들이 더러

계실 겁니다. 왜냐하면, 언어로는 설명도 어렵지만 납득이 안 되는 사고(思考)능력 밖의 일이기 때문입니다. 그래서 명상을 합니다만, 수행자는 명상이 깊어짐에 따라 그런 경지를 점차 느끼게 됩니다. 일원의 인식을 가지려 애써 노력하지 않더라도 느끼게 됩니다. 체험할 수도 있습니다.

그것은 그렇고, 마음은 판단을 시킵니다. 의식으로 하여금, 감각으로 얻은 정보를 종합하여, 스스로의 생각을 정하도록 합니다. 판단(判斷)이라는 한자의 판(判)은「가르다」라는 뜻이고, 단(斷)은「끊다」라는 뜻이므로, 가르고 끊고 하면서「나」의 생각을 정하도록 한다는 얘기가 됩니다. 즉, 구별(區別)하고 분별(分別)하고 하는 수단을 동원시키는 것입니다.

모든 사물(事物)은 고유의 특징이 있고, 무엇이 다르든 각기 다릅니다. 예컨대 사람의 얼굴이 그렇습니다. 73억이나 있는 얼굴들이, 간혹 비슷하긴 해도 저마다 다릅니다. 그것은, 그렇게 보도록 마음속 아뢰야식이 시켰기 때문에 그렇습니다.

그래서 조사(祖師)들께서는 상구보리(上求菩提)하는 수행자들에게,「구별하지 말라」「분별하지 말라」라고 누누이 말해 왔습니다. 예컨대, 추하다 / 예쁘다, 더럽다 / 깨끗하다, 악이다 / 선이다, …… 라는 구별 분별을 하지 말라는 겁니다. 덜 예쁜 것이 추한 것이고, 덜 깨끗한 것이 더러운 것이고, 덜 선한 것이 악이고, …… 그렇게 보라는 겁니다. 이 모두가 마음을 없애는 훈련이기 때문입니다.

그런 목적이 아니더라도, 대상이 「실재(實在)한다」라는 무지(無知)가 사라지면 그만큼 감정에 휘둘리는 일이 없어집니다. 달라이 라마(Dalai Lama 14, 1935~)의 말씀대로, 대상을 「스스로 존재하는 것이 아닌 것」으로 인식하는 통찰력이 생기면 그 모습 위에 추하다 / 예쁘다, 악이다 / 선이다, …… 따위의 구별하는 성질이나 느낌을 덧씌우지 않게 됩니다. 그렇게 되면 긍정적이든 부정적이든, 느낌 → 감정 → 행동으로 이어지는 마음이 일어나지 않게 되고, 당연히 탐욕이나 성냄이나 호전성 같은 해로운 행동을 부추기는 동기가 생기지 않습니다. 그러면서, 어떠한 선입견이나 편견이 없는 편안한 마음으로, 있는 그대로의 대상을 보게 됩니다.

다시, 구별 분별보다 더 해로운 것이 차별입니다. 차별은 상대에게 불이익을 주는, 이를 테면 남녀차별 출신차별 인종차별 등의 행위인데, 거기에는 인간의 불순한 생각이 깔려 있기 때문에 그렇습니다. 그런 생각을 지우고 모두를, 「나」의 연장이고 확대인, 하나의 「우리」로 봐야 합니다.

언젠가 성철스님(性徹, 1912~1993)께서 하셨던 말씀이 생각납니다. 즉, 가족을 버리는 출가(出家)가 혼자만의 깨달음을 위한 비정(非情)의 행동이 아니냐는 질문에 대해서, 출가자에게는 「내 가족과 남의 가족 사이에 하등의 차이가 없고 더 나아가 모든 중생이 동등」하며, 깨달음은 오로지 그런 모든 중생의 고(苦)를 덜기 위함이라는 뜻으로 하셨던, 그 답변 말씀…….

상구보리(上求菩提)하는 수행자는 마땅히 그래야 되지 싶습니다. 중생의 범위를, 연기(緣起)적으로 일체가 상호 의존하는 생태계(生態系)에게 까지 확대하여, 그 모두를 「나」의 연장인「우리」로 봐야 되지 싶습니다. 「일부러」가 아닌 평상심이 그런 수준에 이른 수행자는, 중생이 아플 때 스스로도 아프고(유마경) 원수마저 사랑하고(마태복음 5:44) 하는, 그런 처신을 자연스레 하게 되지 싶습니다.

그런 수준에 이르지 못했더라도 수행이 진척되면 남과 세상을 배려하는 마음가짐이 그렇지 않은 경우보다 더 있게 되지 싶습니다. 이를테면, 상대가 득을 얻고 내가 손해 보는 일 상대의 웬만한 허물이나 실수를 보는 일 등에 대해서 너그러워지고, 남 잘되는 일을 보는 것도 배 아프지 않거나 즐겁고, 가축의 생매장과 야생동물들의 수난을 보며 안타깝게 느끼고, ……. 이른바 동체대비(同體大悲)의 방향으로 마음이 기울지 싶습니다.

나와 세계는, 원래 그 근본이 양립(兩立)될 수 없는 하나(一元)였던 것이 사바에 나타나면서 둘(二元)로 나뉜 것입니다. 아기가 태어난 후, 서서히 마음이 형성되고 굳어지면서 「나」라는 생각이 뚜렷해짐과 함께, 「세계」도 따라 뚜렷이 (그에게) 보이기 시작한다는, 그런 가르침대로 말입니다. 아기가 두 돌 될 무렵부터 그리 되지 싶습니다.

어쨌거나 수행자에게는, 나와 세계가 하나인 「나」여야 하고, 더 나아가 「나」와 「참나」가 하나여야 합니다. 그런 점을 이해하면서 정진(精進)해야 할 것입니다.

절의 초입에는, 일주문(一柱門) 또는 불이문(不二門)이라 불리는, 문짝 없고 담 없는 큰 솟을대문이 있습니다. 수행자라면, 적어도 이 문을 들어서는 순간부터 나와 남이 없고 일체의 존재가 「오직 하나일 뿐」이라는, 일원의 가르침을 마땅히 되새겨야 할 것입니다. (2015.)

부 록

참고문헌

- 청화스님 지음, "가장 행복한 공부", 시공사 (2007).
- 길희성 지음, "보살 예수", 현암사 (2004),
- 대성(大晟)스님 옮김, "라마나 마하르쉬와의 대담", 탐구사 (2003)
- 대한불교조계종 교육원 발행, "간화선" (2005),
- 초펠 번역, "람림 - 티벳스승들에게 깨달음의 길을 묻는다면", 도서출판 하늘호수 (2005).
- Stevenson, Ian., "Twenty cases suggestive of reincarnation," 2nd ed., University Press of Virginia (1974).
- 원혜영 "유식과 선불교의 꿈 해석", 한국교수불자연합회논문집 (2011)
- 법기 강정진 지음, "영원한 대자유인", 궁리출판 (2003).
- 금강경(金剛經) 및 해설서들.
- 유식30송(唯識三十頌) 및 해설서들.
- Bruce Greyson 박사의 논문 및 Journal of Near-Death Studies, USA .
- 법성게(法性偈) 및 해설서들.

인물

• **유마거사**(維摩居士) 석가세존 당시 그 지역에 거주하던 재가자 성인(聖人). 유마경(維摩經 또는 維摩詰所說經)은 그분의 가르침을 담은 경(經)입니다.

• **나가르주나**(Nagarjuna, **龍樹**) 서력 2~3세기에 인도에서 태어나고 활동한, 보살(菩薩) 칭호를 받고 있는 고승으로서 오늘날 대승불교의 기초교리가 되고 있는 중관론(中觀論)을 완성했습니다. 중관론의 주제는 유(有)와 무(無)를 초월한 공(空) 사상이며, 그것은 연기(緣起)론의 다름 아닙니다. 즉, 모든 사물과 생명체는 그것을 그것이게 하는 고유의 자성(自性)이나 「나」가 없습니다. 다만 시절 인연에 의하여, 사대(四大) 요소가 모여 모습이 생겼다가 변하고 소멸하고 할 뿐입니다.

• **밀라레빠**(Milarepa, 1052~1135) 11세기 티베트에 나타난 위대한 요기. 티베트 불교 카아규파의 제5조(祖)입니다.

• **대혜종고스님**(**大慧宗杲**, 1089~1163) 중국 남송(南宋) 시대의 대표적 선지식(善知識) 그리고 간화선(看話禪)수행의 시조(始祖). 스님의 서간집인 서장(書狀)은 지금도 선 수행자들의 교과서입니다.

• **마이스터 에크하르트**(Meister Eckhart, 1260년경~1328) 13세기 도미니코 수도회(修道會)소속의 수사(修士) 그리고 그리스도교 신비사상가. 로마교황청으로부터 이단으로 몰려 사후에 파문당했습니다.

• **라마나 마하르쉬**(Ramana Maharshi, 1879~1950) 남인도의 타밀지역에서 태어나, 만 17세 때 그 고장의 숙부 댁에서 죽음의 체험을 했습니다. 그런 직후 타밀지역의 성산(聖山)인 아루나찰나로 출가하여 만 69세 나이로 입적할 때까지, 줄곧 그곳에 머무르면서 생애를 고된 수행과 중생제도(깨우치기)에 바쳤습니다. 만 28세 때부터 사람들에 의하여 바가반 스리 라마나 마하르쉬로 불렸는데, 바가반(Bhagavan)은 신(神)과 동등한 성인을, 그리고 마하르쉬(Maharshi)는 대각자(大覺者)를 뜻합니다. 인도의 각 지역과 유럽 미국 및 기타의 지역으로부터 찾아 온 숱한 구도자들이 그로부터 깨달음 내지는 영적 감화를 얻었습니다.

• **류영모선생**(多夕 柳永摸, 1890~1981) 교육자이자 한국개신교 사상가였으며, 함석헌(咸錫憲, 1901～1989)등의 스승이셨습니다.

• **손규상 대종사**(悔堂 孫珪祥, 1902~1963) 20세기에 설립된 대한불교 진각종(眞覺宗)의 교조(教祖)이십니다.

• **백봉거사**(白峰 金基秋, 1908~1985) 20세기 한국의 독보적 재가자 선지식으로, 한국 선맥(禪脈)에 한 재가자 봉우리로 나타난 분입니다.

• **성철스님**(性徹 李英柱 1912~1993) 선승. 20세기 한국의 대표적 선지식중의 한 분. 수행자들에게 수행의 전범(典範)을 보이고 깨달음의 진수를 가르친 분입니다.

• **청화스님**(1924~2003) 선승. 20세기 한국 선지식 중의 한 분이었습니다.

• **숭산스님**(崇山 이덕인, 1927~2004) 선승. 해외에서 세계 4대 생불(生佛)중 한 분으로 존경 받았으며, 한국불교를 세계에 널리 전파하는 한편으로 수많은 외국인제자를 양성했습니다.

• **송담스님**(松潭, 1927~) 선승. 20세기 및 현재의, 한국의 대표적 선지식 중 한분. 진제스님(眞際, 1934~)과 더불어, 마하가섭으로부터 중국을 거쳐 한국에 넘어온, 선(禪)의 정통법맥을 계승한 분으로 알려 저 있습니다.

• **법기거사**(法起 姜丁鎭, 1934~) 20세기 및 현재의 한국 재가자 선지식입니다.

• **달라이 라마 14세**(Dalai Lama 14, Tenzin Gyatso, 1935~) 선승

그리고 생불. 북인도 다람살라에 있는 티베트 망명정부의 실질적 지도자인 동시에 티베트인들의 영적 지주(靈的 支柱). 달라이 라마는, 오늘날 티베트를 넘어 세계의 정신적 지도자로 추앙 받고 있습니다.

낱말풀이

• **간화선**(看話禪)　화두(話頭)탐구를 방편으로 삼는 선(禪) 수행을 간화선이라 합니다.

• **감각식**(感覺識)　마음을 참조하시기 바랍니다.

• **경계**(境界)　경계란, 명상 중에 나타나는 초현상(超現象)을 가리킵니다.

• **계율**(戒律)　수행자가 지켜야 할 계율에는, 악행을 금하는 금계(禁戒)와 선행(善行)을 권하는 권계(勸戒)가 있습니다. 수행자는 그런 계율을 적극적으로 지킴으로써 마음이 걸림에서 벗어나고 청정해지고 지혜로워지며, 수행력이 증진됩니다.

• **근기**(根機)　근기란, 가르침을 받아들일 수 있는 능력 또는 스승 지도에 응할 수 있는 능력을 뜻합니다.

• **다라니**(陀羅尼, dharani)　범어로 된, 부처님 가르침의 정수(精髓)를 요약한 문장 또는 보살의 간절한 서원(誓願)을 담은 글. 다라니는, 그것을 지니고 외우고 하는 이를 깨달음으로 인도하는 한편 그를 악(惡)으로부터 보호하는, 신비한 힘을 발휘하는 것으로 알려져 있습니다. 다라니를 줄여 짧게 나타낸 것을

주문(呪文) 또는 주(呪)라고 합니다.

• **마음** 마음은 다섯 가지 감각식(感覺識)과 의식(意識, 제6식)과 말나식(末那識, 제7식)과 아뢰야식(阿賴耶識, 제8식)의 기능으로 구성돼 있다고 합니다. 감각식은 눈 귀 코 혀 몸으로 대상을 인식하는 기능이고, 의식은 그것을 종합하여 판단하는 흔히 말하는 그 의식입니다. 의식 뒤에 있는 말나식은, 생명 있는 개체들이 「나」라고 여기는 아상(我相 또는 ego)을 가리킵니다. 다시 그 뒤 아뢰야식은 몸과 입과 생각으로 행한 모든 것이 기록으로 저장되는 무의식 또는 장식(藏識)으로, 육신 소멸 후 환생의 힘을 발휘하는 종자식(種子識)으로도 알려져 있습니다.

아뢰야식은 한 개체가 환생할 때 그 마음 속 말나식에 달라붙습니다. 그러면서 뇌의 지배를 안 받고 뇌 소멸 후에도 남는 까닭에, 일반적인 의미의 마음이 아닙니다.

흔히 말하는 일반적 의미의 「마음」은, 뇌 활동인 말나식의 기능입니다. 이 말나식이 「나」라는 자각(自覺)을 바탕에 깔고 오만가지 「생각」을 일으킵니다. 몸의 주인 행세를 하면서 그리고 무리 속에서 생존경쟁을 하면서 스스로의 이익을 극대화 하고자, 탐심(貪心) 진심(嗔心) 치심(痴心) 등 자기중심적인 생각을 일으키고 행동을 시킵니다. 말나식이 오염돼 있으면, 그 아래의 의식과 감각식이 바르게 작용하지 않습니다. 그리고 아뢰야식에도 오염된 기록이 남습니다. 그런 까닭에, 수행자는 먼저 「마음」을 정화해야 합니다.

• **마하무드라의 송**(訟) 티베트불교 카아규파의 제2조(祖)인 티로빠가 제자 나로빠에게 전해준, 깨달음을 설한 게송(偈頌)입니다.

• **말나식** 마음을 참조하시기 바랍니다.

• **명증**(明證) 명증은 인식이나 판단을 함에 있어 아무런 증명이 필요 없는 직접적 확실성을 뜻하고, 논증(論症)은 그 이유에 대하여 논리적으로 증명하는 것을 뜻합니다.

• **무기**(無記) 명상에서는, 마음의 작용이 멈춘 상태 또는 생각들이 일어나지 않는 상태를 무기라 합니다. 이 상태는, 번뇌가 없는 그리하여 마음이 평화를 누리는 상태입니다만, 깨달음이 아닙니다. 번뇌가 없으므로 더러 해탈(解脫)이니 열반(涅槃)이니 합니다만, 그렇지 않습니다. 그 상태를 돌파하여, 「나」를 지우고 마음을 소멸시킨 후 진여(眞如)와 합일해야만 견성(見性)이고 참 해탈 참 열반입니다.

• **바라밀다 행**(行) 바라밀다 행은 「고(苦)의 세계를 건너 그것이 없는 피안(彼岸)에 이르기 위하여 닦는 수행」이란 뜻으로, 깨달음 길에 들어서려는 구도자가 실천하는 수행과정입

니다. 보시(布施, 베풀기) → 지계(持戒, 계율 지키기) → 인욕(忍辱, 치욕 견디기) → 정진(精進, 힘써 수행하기) → 선정(禪定, 선 또는 명상 속으로 깊이 들어가기) → 지혜(智慧, 깨달음을 얻어 미망이 다한 후 나타나는 지혜)의 여섯 단계로 이어집니다. 그래서 육바라밀다행 이라고도 합니다.

• **번뇌**(煩惱)　명상에서는, 마음의 작용 또는 마음이 일으키는 생각들을 번뇌라고 합니다. 근본적인 번뇌는 「나」라는 생각이고, 다음으로는 무리 속에서 경쟁하며 「나」의 이익을 극대화하기 위한 자기중심적 생각들입니다.

• **삼법인**(三法印)　세 가지 불변의 진리. 법(法)은 진리를 뜻하고 인(印)은 그 불변성(不變性)을 나타내는 표장(標章)을 가리킵니다. 세 가지는 무상(無常)과 고(苦)와 무아(無我)이며, 불교에서는 그것으로 사바세계의 성격을 요약합니다.

• **삼사라**(samsara)　윤회전생(輪回轉生)을 일컫는 용어. 해탈 못한 중생이 업의 힘으로 생사를 끊임없이 거듭하는 계(界) 또는 차원을 뜻합니다.

• **상구보리**(上求菩提)　위로 깨달음을 구한다는 뜻인데, 그러려면 육 바라밀다행을 실천해야 합니다.

• **심장**(心藏)　심장(心臟)의 반대편에 있는 오른쪽 가슴은, 진아

(眞我)의 심장입니다. 염통이 아닙니다. 라마나 마하르쉬께서 이르기를, 육신의 심장은 왼쪽에 있지만 진아(眞我)의 심장은 오른쪽에 있으며, 바로 그곳으로부터 「나」와 「세계」가 나타난다고 했습니다. 또한 그곳이 진아에 이르는 관문이라 했습니다.

- **아뢰야식** 마음을 참조하시기 바랍니다.

- **아수라(阿修羅)** 아수라는 줄여 수라(修羅)라고도 부르는데, 싸움을 일삼는 나쁜 귀신으로 중생이 죽은 뒤 업에 따라 빠질 수 있는 삼악도(三惡道) 중 하나입니다.

- **양지(良知)** 양명학(陽明學)에 의하면, 인간에게는 선(善)과 악(惡)을 구별하는 능력이 태생적으로 갖춰져 있다 합니다.

- **업(業, karma)** 업은, 중생이 몸과 입과 생각으로 행한 모든 것을 뜻합니다.

- **업장(業障)** 업장이란, 과거생(過去生) 및 현생(現生)에서 지은 나쁜 업(業)이 수행의 진척을 막는 장애를 뜻합니다. 상쇄할만한 고행(苦行)으로 그 장애를 소멸시켜야만 말나식과 아뢰야식을 정화할 수 있고, 무명(無明)으로부터 광명(光明) 또는 해탈(解脫)에의 길에 들 수 있는 것으로 알려져 있습니다.

• **여래**(如來) 진여(眞如)로부터 오신 분이라는 뜻으로, 곧 부처를 가리킵니다.

• **유위법**(有爲法) 유위법은 유(有), 행(行), 무상(無常), 소멸(消滅) 등 생멸(生滅)이 있는 상대적인 차원 또는 존재의 계(界)이고, 무위법(無爲法)은 그것을 초월한 절대 차원인 진아(眞我)를 가리킵니다.

• **주력**(呪力) 다라니 또는 주문(呪文) 등의 진언(眞言)을 간절히 외울 때 나타나는 힘을 뜻합니다.

• **진여**(眞如) 불교에서 말하는 본래면목(本來面目) · 자성(自性) · 참나 · 진아(眞我) · 진여(眞如)는 같은 뜻이며, 그 체험을 깨달음 · 견성(見性) · 해탈(解脫) 이라고 합니다. 힌두교에서는 아트만(Atman, 眞我) · 범천(梵天, Brahma)이라 하고 그 체험을 범천과의 합일 · 해탈(Moksha)로 설명합니다. 그리스도교와 유대교 이슬람 등 계시종교에는 비슷한 용어가 없는데, 그 이유인즉 사후 하느님나라 영생 세계는 지상에서의 「나」라는 정체성이 어떤 형태로든 보존되는 세계라 가르치고 있기 때문입니다.

• **천인**(天人) 천인은 천상의 유정 (有情)들로 곧 비천 (飛天)입니다. 유정은 감성(感性)이 있는 산 것들을 뜻합니다. 비천은

천상의 허공을 날아다니며 음악과 하늘 꽃 흩기 등을 하면서 항상 즐거운 경계에 있지만, 그 복이 다하여 죽을 때에는 다섯 가지의 쇠약한 괴로움을 받는다고 합니다. 그런데 진아와 합일 못한 존재는, 그가 천상(天上)에 있든 지옥에 있든 천신(天神)이든 귀신이든, 모두가 다 윤회전생하는 그리하여 부처의 제도대상이 되는 중생일 뿐입니다.

• **초월(超越)** 초월이란, 현상계(現象界)를 뛰어 넘는 것입니다. 또는 인간이 결코 넘을 수 없을 것으로 여기고 있는, 인식 및 경험의 한계 너머 차원으로 진입하는 것입니다. 초월의 극치는 진여(眞如)와 합일하는 것인데, 그 것을 깨달음 또는 해탈이라 합니다. 진여는 「참나」이며, 본래면목(本來面目) 자성(自性) 및 진아(眞我)와 동의어입니다.

• **치암(痴暗)** 치암은, 사바세계의 중생들이 진리를 모르면서 가짜 「나」인 ego 에게 지배된 채 어리석게 사는 상태를 뜻합니다.

• **탐진치(貪嗔痴)** 탐심(貪心)과 진심(嗔心)과 치심(痴心)을 가리키는 말. 탐심은 지나친 욕심이고, 진심은 내 뜻이나 감정 거스르는 상대를 미워하는 마음이고, 치심은 진리를 모르는 그리하여 지혜가 없을 수밖에 없는 어리석은 마음입니다. 탐진치를 마음의 삼독(三毒)이라고도 하는데, 인간의 아상(我相) 또

는 ego가 발휘하는 이기적이고 자기중심적인 이 삼독을 갖고 있는 한, 명상수행은 진척되지 않습니다. 고로, 구도자는 이 삼독을 제거하는 마음수행을 해야 합니다.

- **화두(話頭)** 화두란, 선(禪) 또는 명상을 하는 수행자가 정신을 한 곳으로 집중하기 위하여 탐구하는 과제입니다. 집중이 잘 되면서도 결코 풀릴 수 없는 그런 과제라야만 하는데, 대개는 스승인 선지식(善知識, 見性한 스승)이 제자에게 그의 성품을 보면서 부여합니다. 정신집중이 고도화 되면, 집중하던 과제와 마음마저 사라지면서 초월의 경지가 나타납니다. 그런 순간을 화두타파 라고 합니다.

저자 약력

김동민(德山 金東玟, 1931년생, 金海김씨 京파의 후손)

개성(開城)에서 초등학교와 6년제중학교를 졸업하고, 당시 군산(群山)에 있던 한국해양대학교 항해학과에 입학했다. 6·25전쟁이 발발함에 따라 학업을 중단하고, 육군에 지원 입대하여 11주 훈련 끝에 소위로 임관했다. 그리고 그 전쟁에 참여했다. 전쟁 후 제대가 늦어지는 탓에, 방향을 바꿔 동아대학교에서 공부하며 토목공학과를 졸업했다. 그 뒤로 환경공학을 전공하면서 미국 University of California, Berkeley에서 석사학위를, 네덜란드 Delft University of Technology에서 Diploma 학위를, 그리고 고려대학교에서 박사학위를 취득했다.

1968년에 교수직을 시작했고, 1996년 서울시립대학교에서 정년퇴직했다(환경공학부 명예교수). 환경공학제1세대로서, 재직중 나라 최초의 환경공학과와 대한환경공학회를 창설했고(초대 및 제2대회장), 국가와 서울시의 환경기술분야 제도마련을 도왔고, 초기의 공장폐수처리장설계 분뇨처리장설계 및 도시하수처리장설계자문을 하는 등, 나라 안에 환경공학분야의 학문과 기술과 제도의 초석을 놓고 다지는 일을 수행했다.

그런 일과는 무관하게 소년시절부터, 습관적으로 누가 시키지도 않은 계율적 삶을 살았고, 중년기까지 무슨 짓을 하는지도 모르면서 늘 혼자 명상을 했다. 퇴직 후로는 서울의 큰 사찰 선원에 다니면서, 도반들과 함께 명상수행을 해 왔다. 불교에는 중년이던 1986년에 입문했다. 그러면서 (사)한국교수불자연합회 및 (사)우리는 선우의 회원으로 있다.

2015년 12월 30일 초판 1쇄 발행

지은이 김동민 / 펴낸이 전귀연
펴낸곳 신광문화사 / 출판등록 1991년 6월 26일 제6-130호
주소 경기도 파주시 광인사길 201 (문발동, 파주출판도시)
전화 031) 955-4211~6 / 팩스 031) 955-4217
전자우편 donghwae@komet.net / 홈페이지 www.donghwapub.co.kr
공급처 도서출판 동화기술

책값은 뒤표지에 있습니다.
잘못 만들어진 책은 바꾸어 드립니다.

ISBN 978-89-7432-923-5 (03110)

이 도서의 국립중앙도서관 출판시 도서목록(CIP)은 서지정보유통지원시스템 홈페이지
http://seoji.nl.go.kr)와 국가자료공동목록시스템(http://www.nl.go.kr/kolisnet)에서
이용하실 수 있습니다. (CIP제어번호 : CIP2015033921)